elogios para

the artificial grass guide

design • estimating • installation • grooming

"...es nuestro manual de entrenamiento para la nueva tripulación. Tienen que leer toda la guía antes de que les dejemos empezar uno de nuestros proyectos. Nos encanta usar los formularios y usamos la calculadora en línea antes de pedir nuestros materiales"

— Sue D & Shari W | Aspen Greens

"Una guía increíble para los contratistas - las ilustraciones detalladas y las imágenes hacen que sea muy fácil de seguir y entender. Los formularios son geniales - empecé a usarlos enseguida - ¡me encantan los informes en línea!"

— Nick J | Sunshine Landscapes

"¡Gracias por esta impresionante guía! Como guerrero de fin de semana me gusta la satisfacción de construir mis propios proyectos. Para mí, es importante conocer todos los detalles, desde los productos adecuados a utilizar hasta cómo usarlos. Usamos su guía y la encontramos como un excelente recurso de principio a fin. Recibimos un montón de cumplidos por nuestro patio".

— Drake M | DIY Builder

"Soy un paisajista general y no hicimos muchas instalaciones de césped; los trabajos que hicimos no fueron rentables - perdiendo en errores nuestras camisas y perdiendo tiempo o materiales. Tu libro tiene un gran consejo; me encantaron los consejos paso a paso para diseñar mejor, ordenar e instalar más inteligentemente ... Creo que lo hemos marcado y podemos expandir nuestros servicios con confianza, gracias."

— Blake T | Paradise Lawns

"5 estrellas". Nos lanzamos a nuestro proyecto de césped después de perder el tiempo viendo algunos videos de cómo hacerlo en línea. Nos quedamos atascados en cómo construir un plan y confundidos sobre los productos a utilizar. Después de obtener su guía pudimos comprobar todos los detalles importantes sobre cómo elegir el césped correcto, planificar el drenaje y aprender trucos para instalarlo mejor. Grandes fotos de ejemplo".

— Penny & Jay L | DIY Builder

Calculadoras | Herramientas Profesionales | Formularios | Consejos | Ayuda
www.TheArtificialGrassGuide.com

the
artificial grass
design • estimating • installation • grooming **guide**

ISBN: 978-0-9982354-0-0
Derechos de autor © 2020

Annie Belanger Costa y Paul Michael Costa

Lo prometemos, ¡vale la pena el esfuerzo! Hemos disfrutado de los proyectos que hemos instalado para todos y cada uno de los clientes junto con lo que hemos hecho para nosotros mismos - ¡Disfruta!

TheArtificialGrassGuide.com

PASO 1 - posibilidades de diseño

PASOS 2 y 3 - planear y estimar

PASO 4 - instalación

PASO 5 - mantenimiento

este capítulo contiene:

- diseños de proyectos reales
- opciones y términos de construcción populares
- cosas geniales que puedes hacer con el césped

capítulo 1
céspedes y paisajes perfectos

¡nos encanta el césped artificial!

¡Sabemos que a ti también te encantará!

Hemos trabajado con césped artificial, para usos paisajísticos y deportivos desde 1998; con miles de clientes y millones de pies cuadrados instalados estamos seguros de que es la solución ideal para cualquier proyecto cuando se instala adecuadamente para el sitio y las condiciones del proyecto.

¡El césped artificial ha resuelto la necesidad de nuestros clientes de ver un paisaje lleno de césped

siempre verde y exuberante que se parece mucho al césped natural! Nos ha ayudado a entregar a

nuestros clientes hermosos céspedes y áreas de juego en las peores condiciones; tráfico pesado, suelo y drenaje pobres, la sombra más oscura, en las laderas más severas, incluso en el clima más extremo; ¡para toda una serie de soluciones!

correctamente diseñado e instalado - ¡el césped artificial es la solución perfecta!

Cuando empezamos, había pocas opciones deestilos de césped; teníamos tres estilos, verde claro, verde oscuro y verde de césped artificial para instalaciones paisajísticas. La producción de campos deportivos impulsaba el desarrollo de productos en ese momento y no fue hasta aproximadamente 2004 que se desarrollaron estilos específicamente para el mercado de césped y paisaje residencial y comercial.

¡Nos encanta inspirar! Nos emociona compartir nuestras experiencias y los proyectos del mundo real

que hemos construido a lo largo de los años para otros; incorporando ingeniería de sonido y productos de calidad hechos con la última tecnología.

¡Se proporcionan consejos de diseño, estimación e instalación para ayudarle a incorporar el césped artificial en su próximo proyecto! Nuestras técnicas son "probadas en el campo" y nos han servido bien y esperamos que le ayuden a usted también a tener éxito. Planifica con cuidado, usa materiales de calidad y técnicas de construcción sólidas y tus proyectos durarán años.

antes

despues

transformaciones

¡El césped artificial se ha transformado en su aspecto, función y sensación, así como en su atractivo residencial y comercial!

Desde mediados de la década de 1960, la industria del césped artificial ha sido constante y fiel a sus objetivos de proporcionar superficies seguras, duraderas y de bajo mantenimiento para campos deportivos. El mercado del paisajismo se ha beneficiado del desarrollo de productos en hilos, soluciones de soporte y sistemas de relleno. Para los campos deportivos, el diseño hace hincapié en superficies seguras que respondan como la hierba natural a los juegos deportivos agresivos.

antes

de terreno basura a tierra de maravillas sin preocupaciones, el césped artificial puede ayudar a transformar cualquier patio

despues

diseña cualquier tipo de área de juego

Imagen Copyright © Turfscapes SA

Página 1 - 4

Imagen Copyright © DreamScapes

forma y función flexibles

El césped artificial para los céspedes es una opción obvia, pero donde realmente puede ser un beneficio es cuando el césped natural no funciona; en los tejados o usado para los atrios interiores.

El césped artificial es flexible, duradero y muy fácil de usar, tanto en el exterior como en el interior.

¡Tus únicas limitaciones son los límites de tu propia imaginación!

ideas obvias son residenciales, comerciales y parques

- céspedes y paisajes
- campos de golf, circuito y tee de salida
- pistas de bochas y bolos en el césped
- canchas de voleibol y bádminton
- jaulas de bateo y diamantes de bola
- áreas de práctica de campos deportivos
- áreas de juego multiusos

por fuera de la caja...

- juegos de mesa y de jardín - ajedrez, damas, agujero de maíz, lanzamiento de anillos
- alfombras de interior y exterior, camino de carro
- atrios y jardines interiores
- techos y patios
- zonas de asiento del anfiteatro
- pendientes y rampas
- teatro y utilería escénica
- películas, videos, música y sets y escenarios promocionales

Hoy en día - para nuestro uso residencial y comercial en el paisajismo - se han desarrollado nuevos estilos de césped que reflejan las variedades de hierba natural comúnmente seleccionadas como la festuca, el centeno, el ciempiés y la hierba azul; todos estos estilos, y más, están ahora ampliamente disponibles.

Seleccione un instalador local para que le ayude a diseñar y construir su proyecto ideal o, utilizando las herramientas de nuestro libro, diseñe su proyecto y compre materiales en línea o a proveedores locales.

los beneficios de usar

césped artificial ...

- siempre verde y exuberante, todo el año
- seguro para niños y mascotas
- fácil de limpiar y preparar
- genial en cualquier clima
- la mayoría de los estilos drenan verticalmente
- grandioso en pendientes, concreto, techos
- resistente a las manchas y a la decoloración
- eliminar las tareas del césped
- eliminar los fertilizantes, la alimentación
- eliminar las alergias al césped de los niños y las mascotas
- eliminar el barro, el polvo y el desorden

¡Es estupendo para niños y mascotas!

Image Copyright © 2001-2019 Costa

¿Dónde puedo instalar el césped artificial?

Instalar césped artificial en cualquier lugar, al aire libre o en el interior; en suelos nativos o superficies sólidas. ¡Utilícelo donde el césped natural no pueda o no quiera crecer!

Las decisiones más importantes que hay que considerar para lograr el objetivo de la instalación son definir claramente los materiales de construcción ideales y asegurar que el lugar sea seguro para que la tripulación los instale.

en nuestra guía se dan consejos básicos para asegurar que su proyecto sea:

- de aspecto natural y sin fisuras
- duradero y estable
- drena bien

donde NO instalar

- sobre estructuras de madera
- sobre terrenos de lixiviación
- sobre cubiertas de acceso municipal
- bajo brillo de las e-windows

los mejores proyectos están bien planificados

La instalación de césped artificial no es compleja, aunque requiere atención a los detalles. Debido a que hay tantas maneras de usar el césped artificial, nos centraremos en los fundamentos de la instalación y en nuestros consejos y técnicas favoritas que hemos encontrado para mejorar la belleza, forma o función de un proyecto, agilizar el proceso o ahorrar dinero, pasos y tiempo.

nivel césped

borde de jardín enrollado

pasarela - borde duro

césped coronado

borde de jardín enrollado

bordear y caminar - borde duro

nivel :

}½"   Base compacta a un mínimo de ½ pulgada por debajo del grado final en el paisaje duro.

}minimo de 4-6 pulgadas de base

gráfico de vista latera

coronado:

Base compacta a un mínimo de ½ pulgadas por debajo de la calificación final del paisaje duro.

}minimo de 4-6 pulgadas de base

}½"

gráfico de vista latera

borde enrollado:

Un borde enrollado es único.

Establece el nivel de la base compactada a un mínimo de 4-6 pulgadas de altura.

Rellenar hasta el 50% de la altura de la base compactada de la calificación final.

}minimo de 4-6 pulgadas de base

gráfico de vista latera

bordes básicos

nivelar el césped contra un borde duro (contundente):

Esta es una forma ideal de manejar cualquier tipo de estructura rígida y permanente que defina los bordes exteriores del área de proyecto y donde se necesite una superficie plana.

coronado:

Este borde parecerá tener un suave declive, hacia el borde de la hierba terminada.

Ideal para usar si se necesita un borde con rampa y para el césped del patio delantero, bordes de senderos, transiciones de patio, pendientes y sobre cemento, asfalto u otras superficies duras.

nivelado o borde enrollado:

coronado (bullnose):

Este es el sustituto ideal de la tabla de curvar y sugerimos que se utilice para los bordes de los jardines, rellenados con roca decorativa, corteza, piedra o mantillo y plantas. Sugerimos usar una capa de barrera contra la maleza no tejida de grado de construcción debajo de los materiales de relleno.

> la altura de la pila de césped artificial se utiliza como una guía de la altura para llevar su base a un borde duro, para el mejor aspecto y la función segura.

> para un aspecto natural, planee la base final para revelar al menos 1 pulgada de altura de la pila para que se vea por encima de cualquier borde con un nivel duro (para los estilos con 1,75 - 2 pulgadas más, altura de la pila)

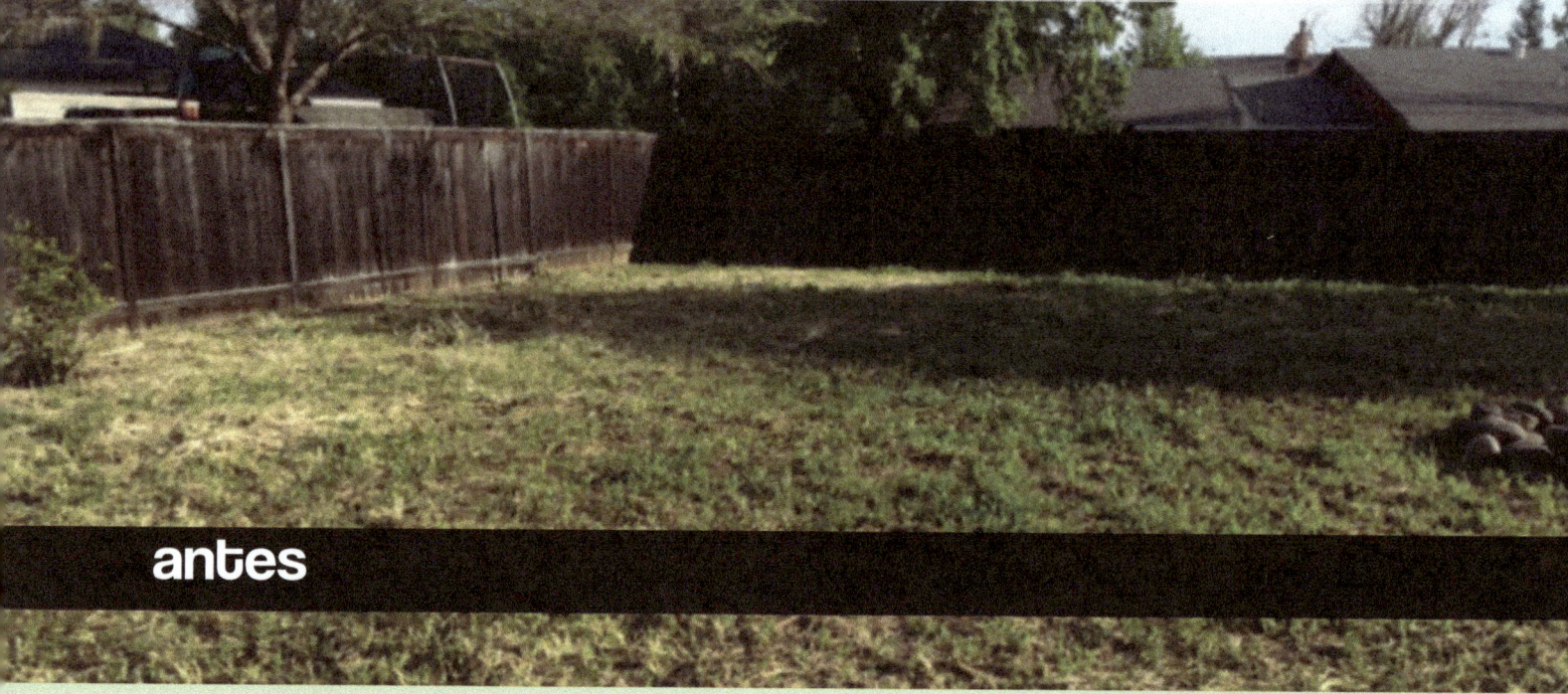

extender el espacio habitable con un césped nivelado

antes

¡el césped artificial puede ser usado dondequiera que tu imaginación te lleve!

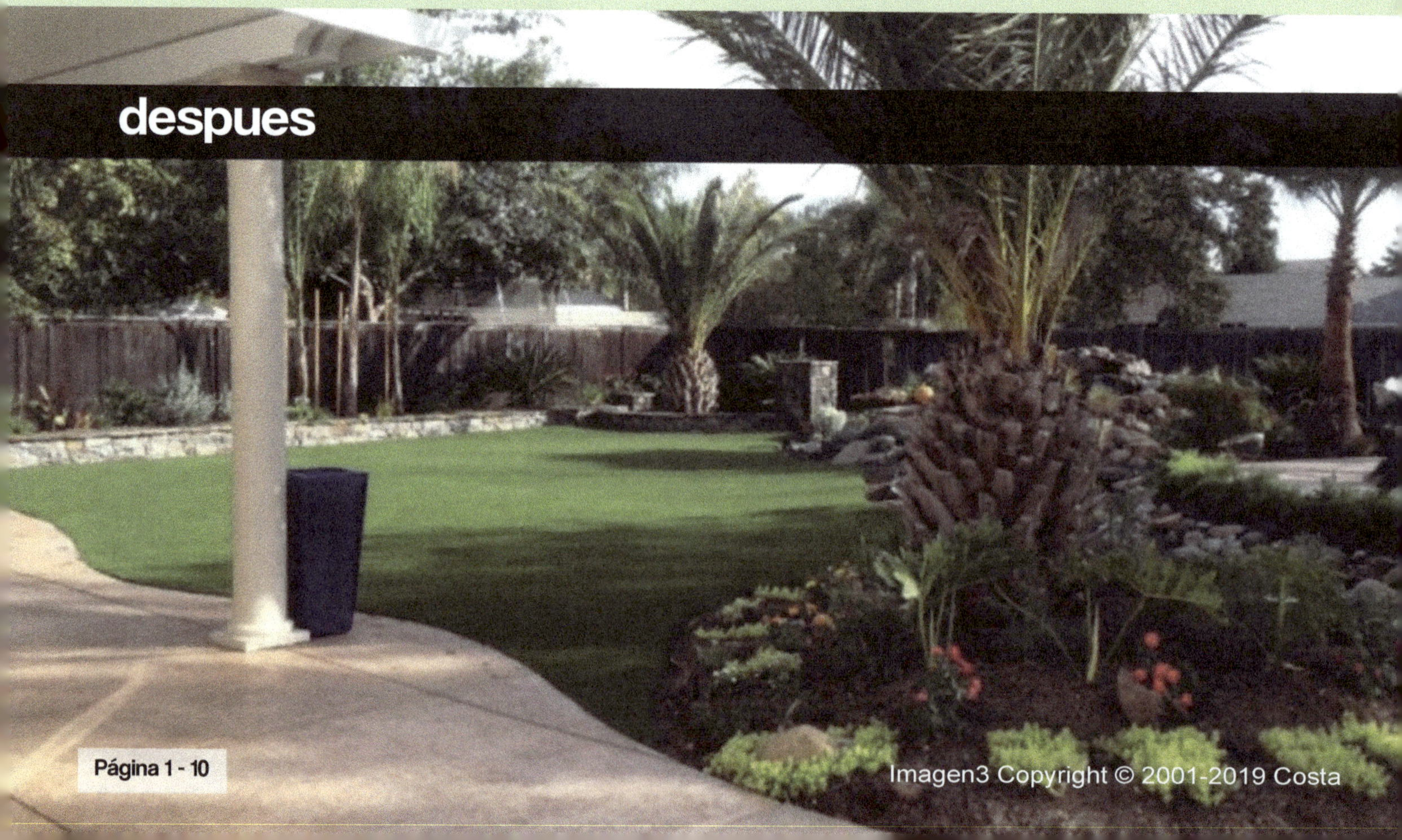

despues

borde enrollado sobre asfalto

La ilusión de hierba real es una gran ventaja para lograr las elevaciones necesarias para construir la cascada sin estanque con árboles y plantas reales. Este hermoso borde de césped artificial es el héroe de la exhibición de la oficina de esta compañía paisajística; construido sobre el asfalto del estacionamiento, pocas opciones se verían tan

Todos los conductos eléctricos, las conexiones, la irrigación y el drenaje necesarios se han construido debajo, siguiendo los códigos y ordenanzas de construcción locales.

este capítulo contiene:

césped plano "borde duro"

césped coronado "borde enrollado"

capítulo 2
recortando el borde

franja de corte / corte de césped

tablero convencional de doblar

eligiendo el borde y el recorte

Los pasillos, entradas, patios y cubiertas guían tu ojo a través del diseño del paisaje de tu patio. Para un césped artificial, estos elementos ayudan a definir y proporcionar bordes estables para el césped; permanentemente.

En la mayoría de los casos, los céspedes se diseñan para que se encuentren con bordes de jardín, rocas, mantillo y materiales sueltos que se benefician del uso de un borde de corte para evitar que los materiales sueltos se mezclen.

Nuestra técnica de bordes enrollados elimina la necesidad de tablas de curvatura, de bordillos y de tiras de corte. Puede aprender más en las siguientes páginas sobre cómo usar esta opción.

Las mejores opciones de recorte a considerar son duraderas, atractivas y que complementen otros elementos en el diseño del paisaje, añadiendo valor al aspecto, forma y función del paisaje. Nuestros favoritos son la roca natural, el bloque, el ladrillo y una técnica avanzada que llamamos "borde enrollado", que aparece a continuación.

muchas opciones pueden ayudar a mejorar el aspecto natural de todo tu proyecto de césped artificial

lecho de arroyo seco / borde enrollado

bordillo / roca / borde enrollado

Arriba: Bordes duros y enrollados. Este césped tiene bordes de contención existentes. Incorporamos un borde enrollado a lo largo del camino de granito descompuesto metiendo el césped bajo las rocas que esconden una rejilla de drenaje donde se encuentran el bordillo y el camino de granito descompuesto.

concreto / tabla de doblar

ARRIBA: patio y bordes de tabla de doblar.
El diseño del patio tiene césped artificial con un grueso tablero de curvatura y relleno de corteza.

ABAJO: la pasarela existente y el borde del patio definen el área de césped.
Las renovaciones en los paisajes existentes a menudo dictarán el tipo de bordes.

concreto / bordillo

tira de siega

pavimentos/paredes de bloque

enlaces ferroviarios

la tabla de doblar y sardinelas son geniales pero no son necesarias

varios bordes "duros"

- **bordillo, cemento, asfalto**
- **adoquines, peldaños, rocas, muros de piedra y bloques**
- **madera tratada a presión, amarres de ferrocarril, doblado o tabla de broche**

Además de recortar el césped artificial, los senderos con lajas, adoquines y escalones también son populares y fáciles de construir, con poco esfuerzo adicional. Los elementos existentes del paisaje, como los caminos construidos con lajas y escalones, pueden necesitar ser deconstruidos y construidos de nuevo para asegurar que se pueda entregar un proyecto bien hecho.

Para ampliar el espacio habitable en el diseño de su paisaje, un área inclinada puede ser fácilmente aterrazada usando sistemas de paredes de bloque.

Los sistemas de paredes de bloque incluyen una variedad de estilos y tamaños de bloques, incluyendo piedras de tapa y kits de escalones.

* bordes enrollados

Para lograr un aspecto cuidado contra la corteza o la roca decorativa sin depender de la tabla de curvatura u otros tratamientos de borde como el curvado o el bloqueo, recomendamos una opción de borde enrollado.

Para obtener los mejores resultados, sigue estos consejo

- Para un mantenimiento mínimo, usatelas debajo del área de relleno
- Cuando sea posible, use las rocas como relleno
- La corteza es inflamable y se descompondrá necesitando ser reemplazada cada pocos años.
- Los materiales orgánicos pueden necesitar ser tratados para las malas hierbas e insectos más a menudo que las rocas.

relleno de corteza / borde enrollado

relleno de corteza / borde enrollado

IZQUIERDA: mezcla de bordillos, rocas

DERECHA: borde de bloque áspero

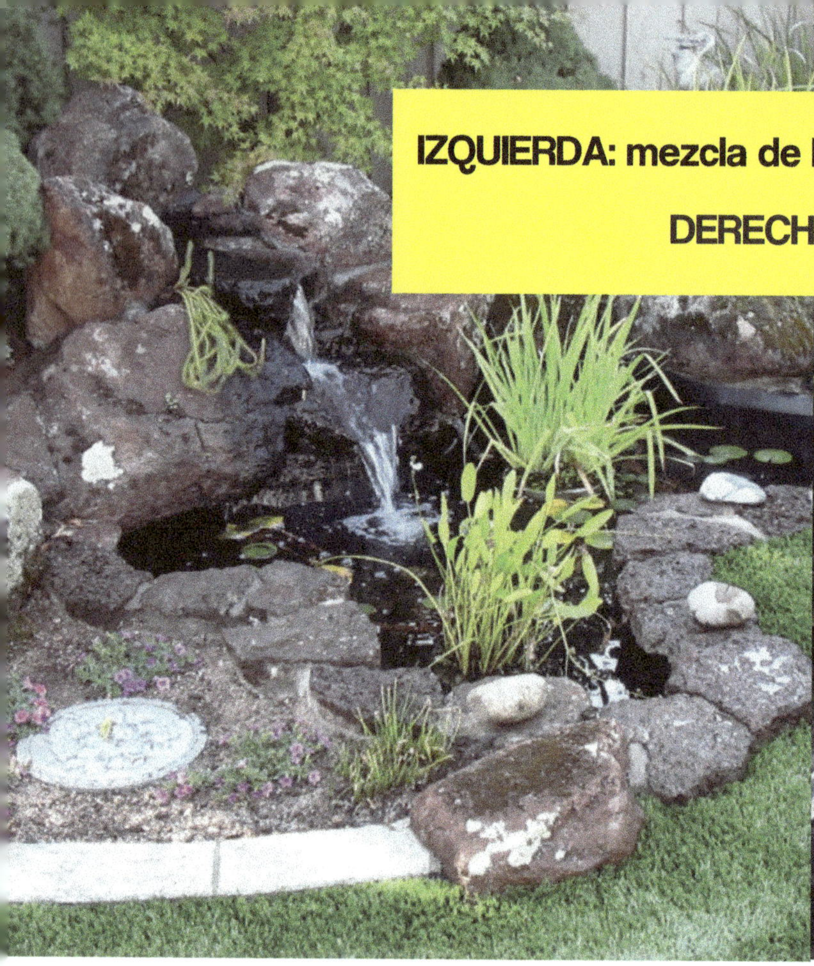

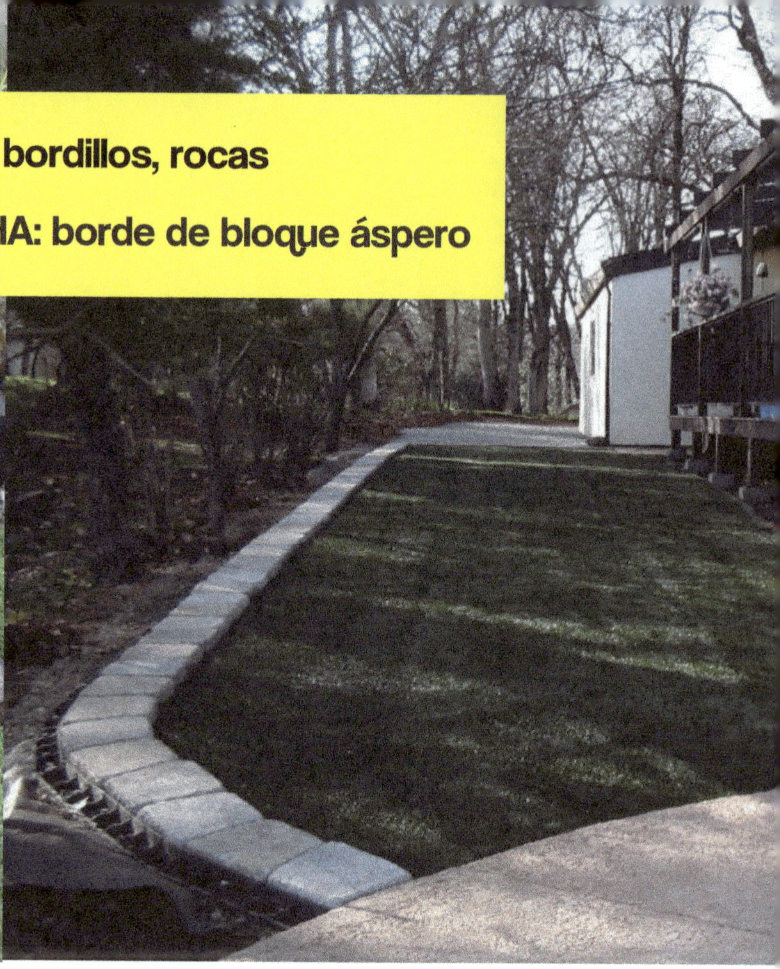

Usar elementos existentes.
Muchos proyectos pueden dejar fácilmente los elementos de borde de paisaje existentes en su lugar. Arriba están los bordes de bordillos y rocas existentes.

Bloqueo y "borde-quebrado".
El borde de bloqueo de este proyecto se define por un bloque más grande y se asegura con productos de borde de pavimento antes del relleno.

IZQUIERDA: borde enrollado rellenado con roca de lava y cantos rodados

DERECHA: borde enrollado rellenado con roca deco

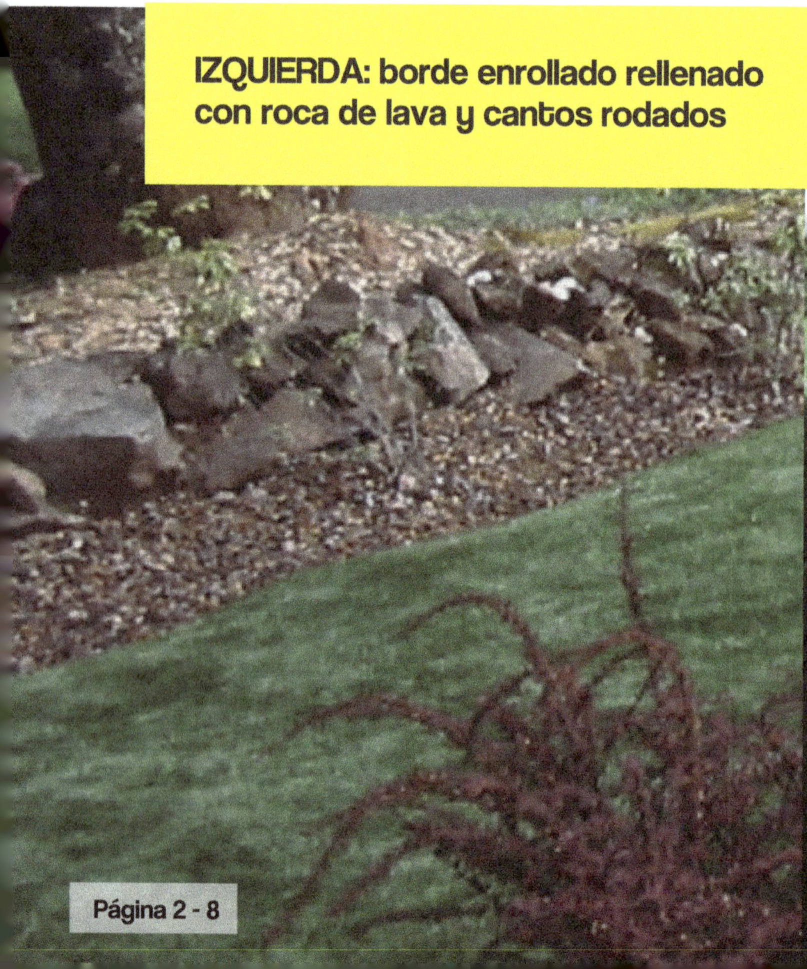

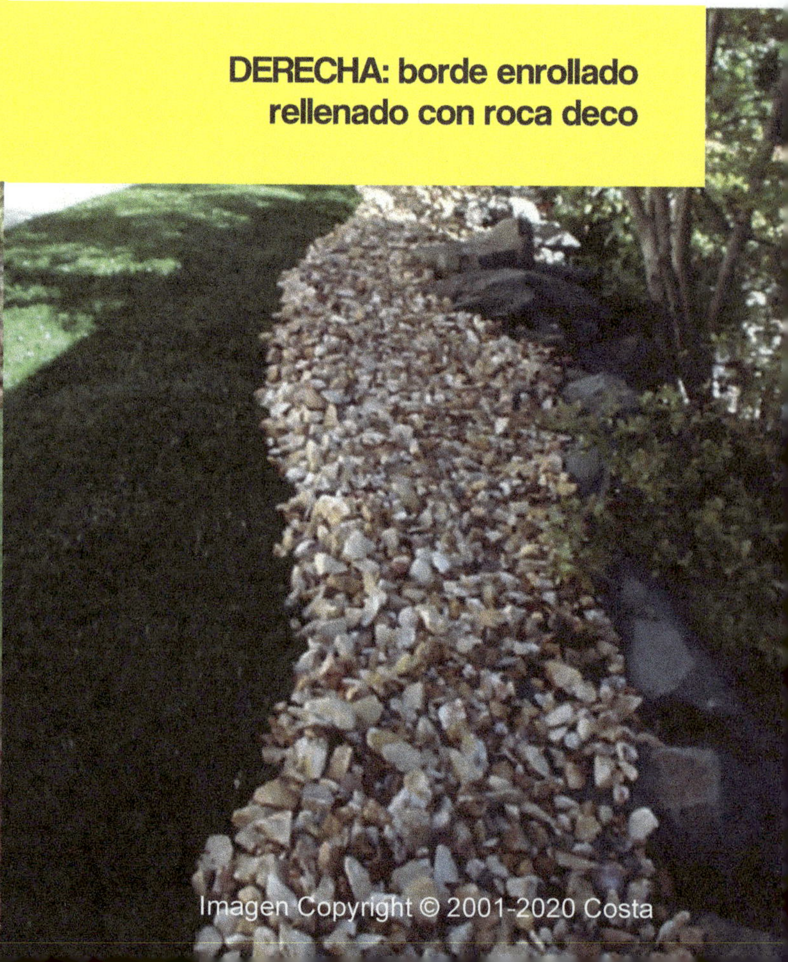

borde enrollado antes del relleno

Borde enrollado "natural".
El proyecto, arriba, está terminado con nuestra técnica de "canto rodado" que tiene un aspecto muy natural; relleno con roca, corteza, tierra.

Borde enrollado rellenado, abajo.
Se coloca una tela de hierba, se añaden rocas grandes y pequeñas para definir el borde exterior; corteza para los jardines.

DESPUÉS de que el borde enrollado ha sido recortado con una mezcla aleatoria de rocas; los jardines fueron rellenados con una corteza gruesa sobre el suelo del jardín

este capítulo contiene:

- ideas de pasarela
- pasos a seguir
- lechos de arroyos secos

capítulo 3
caminos perfectos, piedras de patio y riachuelos secos

caminos hacia el patio de tus sueños

El césped artificial es tan flexible que es la solución perfecta para usarlo contra los caminos, para abordar el drenaje deficiente y una variedad de otros desafíos que el césped natural no puede manejar de la misma manera.

El césped natural tiene dificultades para prosperar en las laderas, así que si el diseño de su entrada incluye escalones, el césped artificial es ideal. También considérenlo para áreas estrechas entre las piedras de los caminos, las losas del patio; cualquier tipo de escalón.

un camino lleva tu ojo a los jardines, entradas y te guía suavemente a tu destino

Cuando considere qué estilo de césped usar para un sendero, tenga en cuenta cuánto tráfico tendrá que soportar, el clima y las condiciones de exposición. La selección de un estilo de césped con una cara más alta y una forma de hilo de perfil ayuda a que el césped funcione mejor, bajo un alto tráfico.

Una vez que la preparación inicial y la instalación de los elementos de la sub-superficie (drenaje, iluminación de bajo voltaje, cualquier conducto y la irrigación) se han completado, es el momento de instalar sus telas y la base para que pueda establecer y nivelar sus piedras en la base, por encima de la capa de tela. Esta capa es clave para asegurar que su instalación resistirá el tráfico y no será invadida por insectos o roedores, con el tiempo.

Elige piedras naturales, decorativas, ladrillos, bloques manufacturados o incorpora soluciones de escalones de cemento y losas; todas son grandes opciones para caminos, senderos, patios y entradas.

concreto cepillado, losas de patio, adoquines, piedras de patio
y estampados, concreto de color o agregado compactado,
caminos de jardín y carros.

césped artificial y peldaños

Nuestro proyecto, a la izquierda, es común - empezando en la entrada del patio delantero, nuestro cliente quería que el césped artificial corriera a lo largo de un patio lateral que también soportara el drenaje, un jardín de riego y mucho tráfico.

Este tipo de proyecto tiene unos cuantos pasos extra, aunque preparará y excavará el área según sea necesario, también que tener en cuenta que la profundidad de la excavación tiene que acomodarse a la profundidad de los escalones, también.

Las renovaciones de las áreas de césped pueden incluir el trabajo alrededor de los caminos existentes, con el drenaje y la irrigación ya en su lugar - siempre pruebe estos, durante la preparación del sitio, para asegurar el funcionamiento adecuado

ABAJO: diagrama de construcción de este proyecto

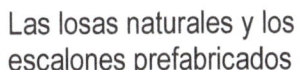

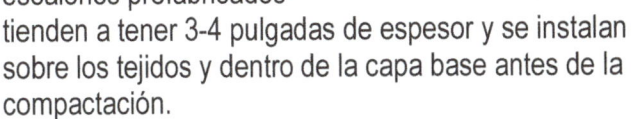

Vista lateral de un ejemplo básico de instalación de una vía de losa

Como guía general, recomendamos usar un peldaño con un mínimo de 3-4 pulgadas de grosor; dimensionado y espaciado por lo menos 4 pulgadas de separación entre sí; para facilitar su uso.

Las losas naturales y los escalones prefabricados tienden a tener 3-4 pulgadas de espesor y se instalan sobre los tejidos y dentro de la capa base antes de la compactación.

camino de lajas en 5 sencillos pasos

1. sitio de excavación y preparación: mínimo de 6 pulgadas
2. instalar tela de base
3. agregue base tp 50% lift & set, nivele piedras, según sea necesario
4. instalación completa de la base dejando una caída de 1/2 pulgada desde la parte superior de cada piedra, compacta
5. coloque los pastos, la costura, asegure los bordes exteriores y luego corte cada piedra, asegure el césped alrededor de cada piedra

recomendamos seleccionar opciones de piedra dura con alta resistencia al impacto; pizarra, piedra azul, cuarcita y piedra basáltica, de cualquier color.

la arenisca, el travertino, la piedra caliza y la piedra de lutita se agrietan, se escaman y se aplastan con el tráfico y el peso pesado.

Left side

Right side

consideraciones claves

Esconda los canales o drenajes franceses debajo del césped artificial para un mejor drenaje y rendimiento. Los pastos húmedos pueden ser resbaladizos; tenga cuidado. El calor puede ser un desafío en cualquier superficie dura al aire libre. En un día caluroso, el césped artificial permanecerá fresco al tacto, a la sombra y usted puede enfriarlo inmediatamente rociándolo con agua; según sea necesario.

- precaución, resbaladizo cuando está mojado
- optimizar el drenaje del canal
- reducir el calor con la sombra
- enjuagar para eliminar la química de la piscina

el césped artificial puede instalarse encima o entre las losas de hormigón; en patios, caminos de entrada, porches; prever un drenaje

entre las piedras del patio y las losas: grandes usos para los caminos de entrada, también

A todos les encanta el aspecto de una cubierta verde exuberante entre las losas del patio y los escalones. Las plantas naturales necesitan irrigación y pueden ser rápidamente dañadas por el alto tráfico, haciendo del césped artificial la solución perfecta para disfrutar.

Cuando se necesita un drenaje adicional, usamos el espacio entre las losas o piedras y añadimos canales de drenaje, en todas partes.

mantén el grano en la misma dirección para las piedras del patio y las losas

Elige la orientación del grano antes de medirlo y estima cada pieza. Mantén el grano de la hierba artificial en la misma dirección cuando crees el patrón para tu estimación de pedido y usa el patrón para colocarlo.

En el caso de grandes áreas de cemento que están en buen estado y drenan bien, se puede cubrir el área y usar adhesivos de costura para unir las piezas.

Después de añadir el relleno, el peso del césped mantendrá la instalación en su lugar, a menos que se instale en un tejado o en una zona de mucho viento.

Si está en una zona de mucho viento o en una instalación en el tejado, utilice siempre cinta de alfombra de doble pega en los bordes exteriores antes de rellenar para asegurar la parte trasera del césped a la superficie.

reconsidere su entrada a un patio y disfrute de la cubierta verde ideal para las zonas de alto tráfico

piedra natural, lechos de arroyos secos

¡mezclar rocas naturales y plantas mejora la ilusión y la función

Para que el lecho de un arroyo seco luzca lo mejor posible, use una amplia variedad de opciones de piedras. Dispersa al azar piedras más grandes en el borde exterior y unas pocas en la línea central. Rellene la parte posterior con otros tamaños y colores hasta que esté satisfecho con el diseño.

entremezclar pilas aleatorias de piedra natural, en una variedad de tipos, formas, colores y tamaños para crear un arroyo natural, serpenteante y seco

¡Los lechos de los arroyos de las rocas también pueden ser funcionales!

Los arroyos rocosos son ideales para canalizar la salida de un caño de bajada u otro tubo de desagüe a la luz del día. Para construir, simplemente cava en un swale, cúbrelo con tela de fondo y luego una capa de revestimiento no poroso; añade tus elementos de roca y piedra; DESPUÉS de haber instalado tu césped.

Como esto tiene como objetivo permitir que el agua fluya para optimizar el drenaje de la superficie cuesta abajo, use piedras de río más pequeñas, en la línea central. Para asegurar que las rocas no se muevan, seleccione y use piedras de 4 a 6 pulgadas o más grandes.

este capítulo contiene:

- ideas para jardín
- planeación de irrigación
- árboles y arbustos

capítulo 4
jardines y arboles

opciones flexibles para la iluminación, la irrigación y el drenaje, incluso para el control de plagas invasivas

La irrigación, la iluminación y el drenaje se instalan debajo de las telas en el nivel del suelo nativo

consejos de jardinería

las líneas de irrigación, drenaje e iluminación pueden esconderse convenientemente debajo de las telas. instalar y probar antes de añadir las telas, la base y el césped. correr las líneas de goteo y el cable de iluminación en el conducto ayuda si es necesario hacer reparaciones

- Si se están renovando las áreas de paisaje existentes, simplemente ampliando el tamaño del jardín en un pie o dos puede reducir el tamaño total del área de césped.

- Cuando la lluvia o la nieve sea un reto, puedes aumentar el drenaje incorporándolo al plan del paisaje - ver opciones en el **Capítulo XX** Drenaje como elemento de diseño

- Siempre seleccione plantas que resalten su propiedad, proporcionen sombra, sean de bajo mantenimiento y recomendadas por su vivero local para su zona climática y condiciones de sequía

- Añade rocas nativas, jardines elevados o terrazas para la profundidad y el interés durante el invierno cuando los jardines tienden a dormirse y pierden su color.

- Usar rocas reales o falsas sobre el césped o los jardines para ocultar las tapas de los servicios públicos de la ciudad o el condado u otras cubiertas para la luz del día, si es necesario.

árboles fundamentos

Cada variedad de árbol tendrá diferentes requisitos para una vida larga y saludable; conozca la altura máxima y el radio del tronco que se espera que su árbol crezca para que pueda proporcionar un "anillo de árbol" de área descubierta debajo del árbol y alrededor del tronco.

Has visto árboles plantados en cajas en estacionamientos cubiertos de asfalto y a lo largo de las calles de la ciudad; muchas variedades de árboles pueden prosperar en estas condiciones. Para los árboles nuevos, seleccione árboles jóvenes y sanos que crezcan lentamente, que requieran poco cuidado y riego, para obtener los mejores resultados.

A lo largo de los años, los arboristas certificados han sugerido que sigamos, como regla, especificaciones de construcción conservadoras. Una regla básica es mantener las condiciones tan naturales como sea posible debajo del árbol dentro del del ancho de las ramas del árbol o "línea de goteo".

Esta área es predominantemente donde el árbol respira, absorbe agua y nutrientes. Los nuevos árboles son fáciles de considerar - es importante no cambiar las condiciones para un árbol más viejo y establecido ya que ha crecido para depender de las condiciones existentes. Consulte con un arbolista certificado sobre la frecuencia con la que debe alimentar a su árbol también.

Para algunas variedades, como muchos robles, nuestros arboricultores también dicen que hay que mantener el área bajo el árbol libre de jardines irrigados, mantillo, roca decorativa, cemento y pavimentos, también. Tres o más pulgadas de este tipo de elementos en la parte superior del suelo se consideran "cobertura" y cambian las condiciones bajo el árbol, de manera significativa. Las rocas pueden calentarlo; los jardines y el mantillo pueden mantener el área demasiado húmeda, lo que conduce a la aparición de musgo, liquen y podredumbre de las raíces.

La mayoría de las variedades de roble prosperan en un suelo seco y árido, por lo que generalmente evitaremos añadir mantillo o roca dentro del anillo de un roble, ya que retienen la humedad debajo, estresando al roble.

por la salud de la mayoría de las variedades de árboles, usa un anillo de árbol de no menos del 50% del ancho de su línea de riego* o más grande.

Tus pastos artificiales van a durar mucho tiempo. Los árboles, arbustos y plantas prosperarán y crecerán; ten en cuenta la máxima extensión de crecimiento del árbol, arbusto o planta de tu diseño.

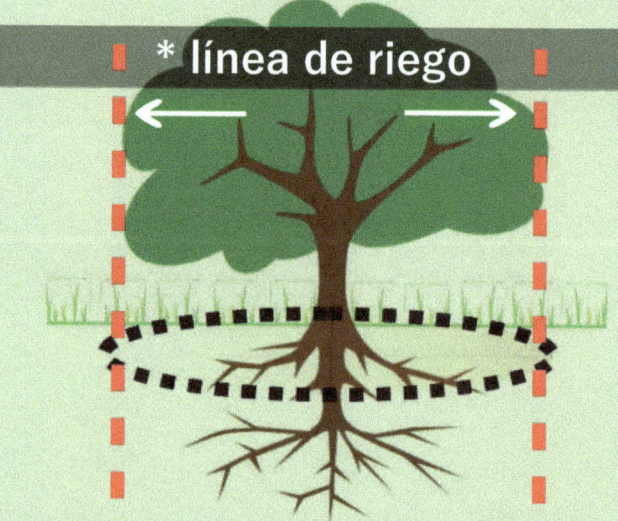

* línea de riego

La línea de goteo máxima se extiende hasta el borde exterior del dosel de cualquier árbol.

Tenga en cuenta que los árboles jóvenes continuarán extendiéndose en un dosel más grande (línea de goteo) a medida que crezcan hasta su máxima altura y anchura de la especie/variedad.

La clave para un buen control de roedores e insectos es instalar una capa (o dos) de una resistente barrera contra la maleza sobre una malla sintética

irrigación, luces

- planea con anticipación
- instala en subsuelo
- usa conducto apropiado
- prepara, instala y luego prueba

Excava y zanja, instala y prueba todos los sistemas de irrigación, teléfono, cable de altavoz, cable, gas e iluminación antes de añadir telas de hierba (y controles de roedores).

Pasa los cables eléctricos, de sonido y otros, incluso los eléctricos de bajo voltaje para la iluminación, a través de un conducto para que sea fácil de acceder para futuras adiciones, reparaciones o mantenimiento. Añade luces de día, en los jardines, para el acceso, donde sea necesario.

¿roedores y bichos?

El uso de barreras anti-hierbas no tejidas en la capa del suelo ayudará a controlar que las hormigas, gusanos y escarabajos no aniden en su capa de materiales base compactados.

Para mejorar el control de roedores y bichos, aumente la excavación para permitir 6 pulgadas de agregado de curso compacto. Añade una capa de red sintética.

Para desalentar los nidos de roedores y las madrigueras en los proyectos de césped artificial - instalar una o dos capas de malla para pájaros de calibre ¼ en los suelos nativos.

Ocultos a los rayos UV y al sol, las redes sintéticas durarán mucho más tiempo que el metal, que se oxidará y descompondrá, volviéndose ineficaces.

Añade tu capa de barrera de hierba no tejida; como se muestra; sobre la red. Asegúrate de superponerla en las costuras, antes de añadir la base.

este capítulo contiene:

- pendientes
- escalones
- terrazas

capítulo 5
pendientes, escalones y terrazas

pendientes, escalones, rampas y terrazas

Primero, considere si el área de inclinación es segura para remolcarla durante la preparación e instalación del sitio.

El material es pesado y puede ser difícil de mover y manipular; las áreas inclinadas pueden hacer el trabajo mucho más difícil y peligroso.

Considere la posibilidad de añadir terrazas y escalones a las laderas para ampliar el acceso y los usos del sitio. Los muros de bloques apilados son elementos hermosos que se usan para nivelar un área o para agregar asientos junto con los jardines de boj.

Este patio delantero está situado en lo alto de una colina y está inclinado, hacia abajo, hacia la calle. La hierba natural siguió fallando debido a la pérdida de agua por la pendiente y a la excesiva sombra y acidez de los suelos de los pinos.

Un corto muro de contención de bloque clavado ayudó a permitir la nivelación, ampliando el área de césped (arriba).

ABAJO | el nuevo césped expandió el patio delantero.

pendientes extremas

Primero, considere si el área inclinada es segura para trabajar durante la preparación e instalación del sitio. El material es pesado y puede ser difícil de mover y manipular; las zonas inclinadas pueden hacer el trabajo mucho más difícil y peligroso.

Primero, considere si el área inclinada es segura para trabajar durante la preparación e instalación del sitio. El material es pesado y puede ser difícil de mover y manipular; las zonas inclinadas pueden hacer el trabajo mucho más difícil y peligroso.

este capítulo contiene:

- uso en los tejados
- alfombras de área
- en cemento y sobre asfalto

capítulo 6
en techos, porches, alfombras, sobre cemento y asfalto

technos

Ya sea que el techo no sea muy atractivo o que refleje demasiado brillo, el césped artificial puede ser una forma muy creativa de manejar la situación. Un exuberante y pesado peso de la cara que requiere poco relleno es ideal. Recuerde que las costuras deben ser aseguradas con adhesivos de césped artificial y telas de costura. Debido a la exposición al clima, las costuras deben ser revisadas cada dos años para su reparación.

Obviamente, asegúrate de que el techo es estable, no tiene fugas y puede soportar el peso adicional del césped artificial

Es necesario hacer consideraciones especiales para el clima y el viento para un techo. En nuestro ejemplo, a la izquierda, el techo está abierto a todos los elementos, así que lo pegamos al techo con adhesivos específicos que puedan soportar el clima, el sol y los rayos UV necesarios.

Si su techo tiene una barandilla, aún debe considerar el viento que puede atrapar los bordes o esquinas y levantar el césped en condiciones de viento fuerte y tormentas.

Puede considerar clavar los bordes con un borde intermitente - sólo asegúrese de seguir las instrucciones de instalación para asegurar un ajuste a prueba de agua.

donde el techo puede estar expuesto a vientos fuertes - su plan debe incluir la fijación de los materiales en el suelo

La pendiente adecuada para drenar la lluvia y el deshielo de la nieve debe construirse en el techo o puede añadirse un sistema de drenaje.

La inflamabilidad es una especificación clave a considerar para los estilos utilizados en los techos. Localmente, las ordenanzas domésticas y comerciales pueden requerir el uso de clasificaciones específicas al seleccionar un estilo resistente a las llamas - comprueba los requisitos locales y las especificaciones de los fabricantes.

pórticos al aire libre

Poner césped artificial en un porche, una terraza o un patio puede ser muy divertido! Con un porche o patio al aire libre, considere el clima; tenga en cuenta el drenaje necesario para maximizar la lluvia o el derretimiento de la nieve. También se pueden usar canales y drenajes en línea, entre o debajo de las superficies de césped artificial.

Para mantenerlo en su lugar, la mayoría de los fabricantes de césped artificial recomiendan usar el relleno como lastre o como cubierta. El relleno ayudará a mantener las superficies, en caso de vientos fuertes, en un porche expuesto. Los muebles y otros elementos también pueden servir como pesas. Considere la posibilidad de utilizar cintas y pegamentos para alfombras de doble palo; siga las directrices y recomendaciones del fabricante.

en un porche expuesto, el viento y el mal tiempo; deben ser considerados

Si las superficies están expuestas a la intemperie, la parte superior del césped artificial se secará rápidamente. Sin embargo, el relleno y la hierba retiene la humedad, bajo clima húmedo.

Esta humedad causará daños a la madera y a los suelos compuestos, por lo que no se recomienda la instalación permanente de césped artificial como superficie superior, sin una barrera de humedad, también.

la humedad atrapada bajo el césped en la cubierta de madera

pórticos al aire libre

El césped artificial puede dar la ilusión de un césped en formas únicas, El aspecto exuberante y el color verde son tranquilizantes cuando se utilizan en oficinas, atrios interiores y sala de ejercicios. Una aspiradora de tienda o de bote puede ser usada para asear, cuando sea necesario. Cuando se utiliza en el exterior, siempre se debe considerar la gestión del drenaje para condiciones de lluvia o nieve.

Este jardín atrio está abierto al cielo y sujeto a lluvias extremas en el invierno en el norte de California. El suelo de hormigón tiene cuatro rejillas de drenaje de 4 pulgadas que conducen al drenaje construido en la estructura del edificio. Para asegurar el acceso total a las rejillas, las superficies de césped artificial fueron cortadas para exponerlas y así asegurar el espacio y el acceso..

los exuberantes y verdes céspedes añaden una sensación de belleza y calma, reducen el ruido y el resplandor.

Con 6 pisos por encima de la instalación, el viento no era un problema para este proyecto. El relleno, usado como lastre, ayuda a proporcionar una superficie más resistente y suave, proporciona estructura y ayuda a evitar que las aspas más altas se enmarañen, bajo un alto tráfico.

Un gran beneficio del uso de césped artificial sobre el suelo de hormigón fue la reducción del ruido y el resplandor (durante los días calurosos y soleados) haciendo de este jardín una zona más agradable de usar.

Se requiere un mantenimiento menor para que el área se vea bien. Un soplador de hojas eléctrico, una aspiradora de mano a batería se utilizan para eliminar los escombros y un rastrillo de aseo se utiliza, de vez en cuando, para esponjar las fibras alrededor de las mesas y sillas.

Image Copyright © TundraGrass / PreGra ®

alfombras de patio, carretaeras de carros, aceras y rampas

Elija un estilo de césped artificial con un recuento de puntadas densas o un estilo texturizado con una forma de hilo resistente para soportar el tráfico pesado. Una gran opción sería un estilo que normalmente se usa para poner greens o campos deportivos; Estos estilos son excelentes para alfombras, entradas de vehículos y senderos para carritos y bicicletas (ver imagen).

La rampa creada sobre el asfalto en el ejemplo de la izquierda se completó usando un agregado más fino de agregado compacto en telas no tejidas; usando un borde enrollado para recortar el proyecto.

considerar la forma de la cuchilla, el grosor y la cara de un estilo para el uso pesado

Image Copyright © Turfscapes SA

asfalto y concreto

crear céspedes montados y ondulados sobre superficies planas y duras - opciones ilimitadas

En nuestro proyecto de ejemplo, a la derecha, utilizamos una variedad de rocas y macetas para proporcionar elevación a nuestras zonas de césped. Una vez que la estructura del estanque y los jardines fueron construidos, colocamos nuestra tela de hierba no tejida y utilizamos un agregado menos compactado ¼ para cubrir, amontonar y dar forma a nuestro grado final.

El césped artificial fue colocado, recortado y rellenado para esponjar las hojas y añadir peso como lastre.

Conseguimos el borde del césped natural incorporando nuestra técnica de borde enrollado para acabar con las hierbas. El fondo de las telas y los bordes del césped se fijaron al asfalto mediante el uso de cemento de contacto resistente a la intemperie.

Los sistemas de irrigación corren a lo largo de la parte posterior del sitio y las líneas eléctricas se instalan mediante conductos. Los filtros de estanque y las luces de día son fáciles de alcanzar desde la parte posterior de la fuente de agua.

como una solución comercial o residencial, el césped artificial nos ayuda a crear fácilmente una ilusión de hermosos y exuberantes céspedes y características únicas de agua

despues

antes

repensar los caminos de entrada

¡Las áreas no utilizadas, como el patio lateral donde habías estacionado un bote o una casa rodante, pueden ser reutilizadas usando césped artificial!

Dependiendo de sus necesidades, el césped artificial puede ser temporal o permanente. Añadiendo el césped sobre el hormigón, ayudará a reducir el ruido y el reflejo del resplandor durante los días calurosos y soleados.

Para el concreto existente, asfalto u otras superficies duras, haga las reparaciones, modificaciones o adiciones necesarias antes de agregar el césped artificial. Puede cubrir con confianza los desagües de los canales en línea, las rejillas y las tapas de los desagües; el césped, si es poroso, permitirá que la lluvia más fuerte o la nieve derretida drene bien si lo hace ahora.

los caminos de entrada necesitarán estilos robustos y densos y pueden necesitar aseo para eliminar el aceite u otros fluidos de automoción

despues

antes

este capítulo contiene:

- jardines patio trasero
- jardín lateral
- jardines en laderas

capítulo 7
putting greens

patio de golf verde

¡Para la diversión familiar y para el golfista serio un campo de prácticas es ideal! Si tienes el espacio y el presupuesto puedes diseñar tu propiedad en un pequeño campo de golf o en el Executive 9 con la amplia variedad de estilos disponibles para el césped artificial de golf.

¡Usar un montón de césped artificial más largo como collar alrededor del jardín te da opciones para divertirte mucho!

La franja puede ser usada en pendientes suaves para añadir un tiro de práctica de postura desigual y un tiro de práctica de chip corto, también.

Imagen Co... ...2001-2020 Costa

construcción de putting green

Los campos de golf pueden ser un lugar divertido para jugar en un patio trasero o incluso en un patio lateral.

La mayoría de los estilos de campos de golf van a usar un estilo de hoja que está texturizado y un estilo de respaldo que drena horizontalmente. Los estilos de hilo texturizado estarán disponibles en polietileno, polipropileno y nylon. Los estilos de campo de golf de película cortada son generalmente de polipropileno y pueden ofrecer un soporte de drenaje vertical.

La clave para un gran campo de golf es asegurarse de que drene correctamente, nunca use las copas como drenajes. En su lugar, planee un drenaje práctico fuera de los bordes del green para mantener la superficie lo más seca posible. La escorrentía de agua puede mover los materiales de relleno que se utilizan para establecer la velocidad del green; la escorrentía también puede causar

ondulaciones, buzamientos y abolladuras en la superficie haciendo que el campo no se pueda usar. Un campo de golf instalado en un área sombreada que permanece húmeda debido a la irrigación por aspersión puede mostrar el crecimiento de musgo o moho - diseñado para mantener las superficies lo más secas posible.

Siempre recomendamos usar vasos de aluminio en lugar de plástico; los vasos de plástico, bajo un sol y un clima extremos, tienden a fallar en unos pocos años, requiriendo su reemplazo. Los vasos de aluminio pueden ser comprados en alturas de 4 y 6 pulgadas - y aunque siempre usamos vasos de 6 pulgadas de altura; los de 4 pulgadas son adecuados. Las banderas y los palos (postes) se ajustan a las copas y deben ser comprados como un conjunto; juntos; del mismo fabricante. Las banderas tienden a desvanecerse, después de varios años, cuando se las deja afuera en el clima y a pleno sol; es posible que también quiera comprar banderas de repuesto.

Una consideración clave es proporcionar siempre un borde en la superficie del green para que las pelotas, que no llegan al borde, no rueden fuera del campo y fuera de las áreas de superficie jugables.

patio lateral y patio de greens

mantenga su área de juego divertida agregando un poco de balanceo y ondulación en la base, a medida que vaya construyendo

Además, proporcionar un espacio adecuado para un balanceo justo de las copas y cualquier tipo de obstrucción como vallas, cubiertas de patio, equipo de aire acondicionado y piscina u otros obstáculos exteriores.

Necesitas al menos 100 a 150 pies cuadrados de área de campo de golf por copa para proporcionar espacio de juego entre las copas en un campo de golf. Sugerimos una superficie mínima de al menos 300 pies cuadrados para un green de práctica; instale de 1 a 3 tazas, para obtener mejores resultados. Añade un poco de franja para ayudar a la transición del proyecto hacia jardines, patio, valla y bordes de cubierta de piscina; ¡y ayudará a detener una bola suelta, lo que añadirá atractivo visual!

Si has elegido usar tazas de 6 pulgadas, instalará, por lo menos, 6 pulgadas (o más) de base agregada compactable, por supuesto.

Planifique el balanceo y la ondulación que desea lograr y después de instalar la primera elevación del agregado (aproximadamente 4 pulgadas) compáctelo para nivelarlo. Instale una base adicional y una pluma para acumular el rollo y la ondulación deseados teniendo en cuenta la ubicación exacta de sus copas.

Lo más importante es crear una superficie que permita que el césped del campo de golf quede plano sin baches o surcos.

Los grandes swales, rampas y otros efectos son todos posibles, bajo tolerancia. Como regla general: use un rastrillo de paisaje de 48" o un "scree" de madera para alisar y emplumar en la base final para lograr la superficie deseada.

este capítulo contiene:

- jaulas de bateo
- ideas para área de juego
- terrazas

capítulo 8
cosas divertidas y áreas de juego

Una hierba deportiva hecha de polietileno con un material base poroso como se usa en el piso de esta jaula de bateo.

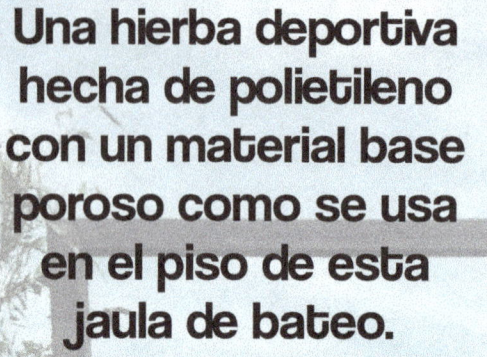

play time!

áreas de práctica • jaulas de bateo • parques infantiles • voleibol • bochas y juegos de mesa • guardería • centros de cuidado de mascotas

Los pastos artificiales, creados para los deportes, se inspiraron en la necesidad de ofrecer una superficie duradera y segura para el juego agresivo durante todo el año.

las áreas de juego y deportes benefician cualquier patio o parque

Las soluciones necesarias para proporcionar una verdadera respuesta al balón y al juego, ser resistente, seguro en la zona de caída y secarse rápidamente, de lo cual se benefician todos los estilos de césped artificial.

Para muchos, su primera exposición al césped sintético fue una lámina de polietileno (PE) cortada en un campo de fútbol en una escuela secundaria o universidad local. Construido para soportar los rigores de los juegos agresivos como el fútbol americano, el fútbol, el rugby y otros juegos de alto contacto, no pasó mucho tiempo antes de que se desarrollaran estilos que se adaptaran a los campos de golf, al tenis, bocha y otros deportes de cancha.

Cada tipo de deporte tiene un estilo ideal que sería el mejor para su uso. Los estilos texturizados y densamente tejidos son ideales para campos de golf, bochas y otras canchas donde los niveles de acabado son críticos para el rodaje natural de la pelota, mientras que la altura de los montones más largos que se encuentran usando monofilamento y estilos de hilos de película cortados favorecen su uso como áreas de juego, voleibol, franjas de golf, chipping y césped de tee.

Tanto las soluciones de tipo de hierba como las de relleno son críticas para lograr los objetivos de las superficies deportivas. Sugerimos utilizar estilos de KDK de baja altura de pila y una malla más pequeña de un relleno de arena, enrollada para asegurar que el relleno esté bien apretado para juegos de ajedrez, greens y bochas, mientras que las canchas de juego y de pelota se benefician de alturas de pila más largas y tipos de relleno resistentes que proporcionan un rebote adicional y una respuesta natural de la pelota.

daycare y áreas de juego

El césped y los estilos deportivos son ideales para las guarderías y las áreas de juego. La seguridad es importante para cualquier guardería que tenga equipo de gimnasio, aunque la mayoría de los estilos de césped artificial para el césped son por lo menos de 4 a 6 pies "zona de caída" segura cuando se instalan correctamente. El uso de ½ a las almohadillas de choque de 2 pulgadas, instaladas bajo el césped, aumentará los índices de seguridad de la zona de caída según las especificaciones.

Las instalaciones a pleno sol, durante el tiempo caluroso deben ser diseñadas con estructuras de sombra tanto para la guardería de niños como de mascotas - la sombra mantendrá el césped fresco bajo el sol directo y las altas temperaturas ambientales.

Características clave a buscar en su elección de estilos de césped artificial:

- **durabilidad**
- **resistencia**
- **permeabilidad**
- **resistencia a los rayos UV**

duradero, seguro y resistente a caídas; el césped artificial reducirá insectos, alérgenos, mejorará el drenaje y extenderá el uso

voleibol

- **opciones base**
- **regulación o tamaños personalizados**
- **añade iluminación para juego nocturno**

Cuando tienes pasión por el voleibol o el bádminton y la sala para construir tu propia cancha, es simplemente el paraíso. Con una planificación cuidadosa y un presupuesto razonable, la construcción de una cancha de tamaño reglamentario o una cancha de tamaño personalizado para la diversión familiar, el césped artificial proporciona la solución de superficie más flexible.

El césped artificial, instalado alrededor de las tradicionales superficies de canchas duras expande el espacio de juego.

boche y bolos

- **diseño flexible**

- **residencial**

- **comercial**

- **comunidad**

- **fácil mantenimiento**

Para cumplir con los tamaños mínimos reglamentarios o para acomodar el juego de equipo de un centro comunitario para el juego de bochas o bolos en el césped se requiere mucho espacio. Una cancha de bochas típica de un centro comunitario puede medir 12 pies de ancho por 60 pies de largo; un total de 720 pies cuadrados de espacio. La mayoría de las instalaciones comunitarias también requerirán el acceso de la ADA (Ley de Estadounidenses por Discapacidad) para cada cancha que esté disponible para el juego público o de miembros - verifique las ordenanzas y regulaciones locales.

Para un destino divertido en un patio trasero o un patio lateral, simplemente usa un bordillo de hormigón con agujeros para llorar o una tabla de 10-12 pulgadas de alto y construye la cubierta para la cancha.

Si elige una superficie de golf de césped artificial permeable, puede planificar una base de agregado compactada, incluyendo el drenaje del subsuelo. Las canchas residenciales no requieren el acceso de la ADA.

Las líneas y marcas pueden instalarse utilizando varios colores de césped artificial (permanente) o utilizando una pintura en aerosol formulada para su uso con plásticos (esto requerirá retoques ocasionales).

perrera y práctica de agilidad

- **seguro**
- **durable**
- **fácil de preparar**
- **fácil de limpiar**
- **siempre verde**

La mayoría de nuestros proyectos incluyen familias con perros con los que quieren compartir espacio o proporcionar un área de perrera donde sus compañeros caninos puedan estar seguros y jugar.

La clave del éxito de una instalación de mascotas es eliminar los "desechos" y desodorizar las superficies para los olores de orina. Las perreras, los patios de juego, los céspedes y las áreas de entrenamiento también se benefician del aseo; limpie las superficies con sopladores y rastrillos de relleno para esponjar las cuchillas en las zonas de mucho tráfico de esteras. Consulte el capítulo sobre el aseo para obtener consejos y más detalles.

este capítulo contiene:

- estilos de superficie
- estilos de cuchillas
- características comunes
- cómo elegir

capítulo 9

opciones de material de trabajo

componentes clave del proyecto

ofrecemos los siguientes consejos y directrices basados en las soluciones de fabricación de hoy en día, el conocimiento, la tecnología y las opciones de productos con un enfoque en las mejores soluciones que los profesionales utilizan

las opciones de césped artificial son posibles gracias a los años de atención a la seguridad, la ciencia y el diseño

En la década de 1960, profesionales dedicados a la industria de las alfombras se inspiraron para crear una superficie innovadora que con el tiempo cambiaría el mundo de los campos deportivos, los parques infantiles y el paisaje.

*"Según un estudio recientemente publicado por **Applied Market Information Ltd (AMI Consulting*)**, el mercado del césped artificial está disfrutando una vez más de un fuerte crecimiento.*

"El desarrollo del producto ha visto que el césped artificial ha mejorado significativamente su rendimiento técnico y su reputación. Las superficies implacables que antes causaban quemaduras por fricción y lesiones por impacto son ahora cosa del pasado. Los componentes clave del éxito son

- *hilos hechos de PE, PP y PA*
- *revestimiento, relleno, capa inferior y sub-base*

"Si bien las prestaciones técnicas del césped artificial resultan atractivas en un entorno deportivo, su comodidad, robustez y aspecto atractivo está ganando cada vez más adeptos en aplicaciones en el hogar.

"El césped artificial es una propuesta valiosa en muchas circunstancias climáticas que van desde los lugares donde el agua es escasa, hasta donde la lluvia es tan frecuente que la hierba natural se convierte en barro, pasando por regiones nevadas donde la calefacción bajo el suelo garantiza la jugabilidad. Sin embargo, es su durabilidad la que gana la mayoría de los negocios hoy en día: la capacidad de soportar varias horas de juego al día lo diferencia firmemente del césped natural".

https://www.plastics.gl/

* AMI Consulting https://www.ami.international

"Con el uso creciente, la demanda de rendimiento de césped artificial también aumenta; como características antifúngicas, antimicrobianas, antibióticas, [antiestáticas] y [mejoradas] ignífugas. "

Plastics

selecciona un estilo

los grandes estilos son estables a los rayos UV, resistentes, duraderos y con un aspecto natural.

algunos términos que aprender*

- ALTURA DE PILOTO
- CUCHILLA PRIMARIA
- PAJA, TORSIÓN, KdK
- OLEFINAS; PE, PP ,PA
- FORMA DEL HILO, ESPINA, EXTRUSIÓN DE HILO, DENIER
- PAQUETE DE UV
- MECHÓN (PAQUETE)
- PUNTOS (EXTREMOS DE CUCHILLA)
- TASA DE ESTANQUEIDAD
- RESISTENCIA A TRACCIÓN
- REBOTE, RESISTENCIA
- PESO DE CARA
- PESO TOTAL
- RESPALDO
- GEOTEXTIL
- UNIÓN DE MECHÓN
- PERCOLACIÓN
- PERFORACIONES

MEDIDAS
- SF = PIE CUADRADO
- SY = YARDA CUADRADA
- LF = PIE LINEAL
- OZ = OUNCES
- LB = LIBRA
- CY = YARDA CÚBICA

* comprueba el apéndice para más información

cómo elegir

siempre considerar

- uso | césped o deportes
- tráfico alto o bajo
- necesidades de clima, drenaje, UV y paisaje natural
- al aire libre o en el interior
- lo que se ve bien para ti

querrás saber:

- forma del hilo y fuente de olefina
- estilo altura de la pila, resistencia
- paquete de mechones y medidor de filas
- tasa de sutura y opciones de respaldo
- componentes UV y de color
- estilo de cara y peso total

características generales de todos los estilos de cuchillas de hilo::

- resistencia a las manchas y a la decoloración
- mejor fuerza, rebote y mejor resistencia a la abrasión
- apariencia natural, función, resistencia y desgaste a largo plazo

formas de hilos

estilos de extrusión*

las formas de los hilos afectan la resistencia, el aspecto y la sensación del estilo del césped

Uso general para el césped y los deportes

A. **Perfil de espina en forma de "V"**

B. **Perfil "Oval" o "Diamante"**

C. **Perfil "C" o "Celery"**

D. **Perfil de "Omega".**

E. **Perfil "Corrugado"**

F. **Perfil "W" o "M"**

G . **Lamina hendidura clásica (ampliado)**

* muestras de la forma de las cuchillas individuales

hilo texturizado; tejer para tejer (KdK)

*Los estilos de superficie de corte a menudo presentan estilos de hilos texturizados (punto a punto o KdK). Esta mejora adicional del hilo requiere pasos adicionales durante la producción. El resultado neto es que este proceso añade "volumen" y resistencia al estilo al rizar o doblar la hoja del hilo.

Una opción reciente añadida a muchos estilos de césped y paisajes es la adición de una capa KdK o PAJA retorcida en el estilo final de césped artificial o perfil de mechón. El hilo texturizado aparece como una capa más corta, aumentando la resistencia; a menudo reduciendo el uso del relleno.

el hilo texturizante es una mejora común de los hilos de paja añadidos a los estilos de césped

imagens from Ten-Cate®, TigerTurf®, STR®, Global SynTurf ®, PreGra ®, RealGrass ®

los hilos deportivos se producen a menudo utilizando mejoras texturizadas (KdK)*.

5/8in

se añade hilo de estilo paja, más bajo en el perfil, en este estilo de césped

olefinas comunes:

La poliolefina (PE y PP) y la poliamida (PA) son las principales opciones de olefinas utilizadas para las hojas de los hilos de césped artificial

PE - polyethylene
PP - polypropylene
PA - nylon

por qué la química de los hilos de olefina se prefiere para el césped y los deportes:

- Amplia selección de colores de hojas de hilo, estilos de extrusión y mechones, y texturas.
- Sensación suave en la mano
- Buen volumen y cobertura, muy ligero
- Alta resistencia (húmeda o seca)
- Resistente al deterioro por productos químicos, insectos, transpiración, putrefacción y clima
- Baja absorción de humedad
- Soluciones de mecha únicas, fáciles de limpiar y de secado rápido
- Resistencia - la forma del hilo afecta esto
- Resistencia a la abrasión, durabilidad
- Resistencia al suelo y a las manchas
- Resistencia a la luz solar (UV)
- Resistencia a la carga estática
- Resistencia al moho, al moho
- Resistencia a la llama

fuentes de hilo

"La química para producir césped sintético es sencilla. Comienza con un polímero - ya sea nylon, polietileno o polipropileno - que se funde a alta temperatura, se mezcla con pigmentos y estabilizadores ultravioleta para protegerlo

de los rayos solares, y luego se extruye en cintas delgadas de formas y dimensiones de espesor similares a las del césped.

"El tipo de polímero utilizado depende de la aplicación así como de consideraciones de costo. El polipropileno es la opción más barata. El nylon ofrece más fuerza y resistencia que el polietileno y el polipropileno, pero es el más caro. El nylon también tiene un punto de fusión más alto que el polietileno y el polipropileno, lo que hace que el proceso de fabricación sea más difícil.

"Después de que las cintas se forman, se insertan, como los hilos de alfombra, en un soporte de tela, como un polipropileno tejido, y luego se pegan con un adhesivo [de recubrimiento] como el poliuretano."

**Source: ACS Publications
(https://www.acs.org/)**
https://pubs.acs.org/cen/science/87/8709sci2.html

altura de pila, resistencia (rebote) y grano

¿Qué es la altura de la pila?

Mirando una muestra de su césped artificial desde el lado (ejemplos arriba), se puede ver fácilmente como las hojas de hilo primario de estas tres muestras tienen diferentes alturas. Nos referimos a eso como la altura de la pila del estilo. Muchos estilos pueden tener una variedad de alturas de las cuchillas; la altura de la pila indicada indica la medida de las cuchillas más largas en el estilo de césped (en o mm).

Cuanto más larga sea la altura de la hoja, más relleno puede ser necesario para lograr un aspecto completo y exuberante, una vez instalado. La altura de la pila también puede utilizarse para establecer el nivel final de los materiales de base compactados; de manera óptima, se querrá mostrar un mínimo de of½ pulgadas de altura de la hoja por encima de cualquier borde duro para dar un aspecto natural. Si el césped se instala por debajo del grado de dureza del paisaje, incluso los estilos de altura de pila más largos aparecerán hundidos.

resistencia; espina, textura y grano

La capacidad del césped artificial de rebotar a plena altura, incluso bajo un tráfico intenso, define su resistencia. La resistencia puede verse afectada por varios factores: el peso de la cuchilla, el estilo de extrusión, la torsión o texturización del hilo, la altura de la pila y el tipo de relleno. A largo plazo, el drenaje y el aseo también afectan a la resiliencia.

ESTERA: ¡El grano de su césped artificial es crítico para identificar! Después de que se fabrican y enrollan nuevos materiales para su envío, el peso de los materiales tiende a aplanar las hojas del césped y esto crea un "grano" definido o dirección a las hojas que se benefician del cepillado (florecimiento).

El GRANO de las superficies debe estar siempre apuntado en la misma dirección, si se unen más de una pieza a otra o el tono de la hierba variará y se mostrará su costura.

Sugerimos que apunte el grano de hierba artificial hacia el "público" del proyecto de instalación*. Si el proyecto se encuentra en el patio delantero, apunte el grano hacia la vista de la calle y en un lateral o patio trasero apúntelo hacia la casa, el patio o la vista principal desde la casa.

<mark>*Revise los consejos de estimación y diseño en el capítulo 11.</mark>

grano

el grano de superficie (abajo) se inclina hacia adelante →

el grano de cuchilla (izquierda) está enmarañado y el grano de cuchilla (derecha) ha sido cepillado para mantenerse en pie.

las cuchillas (abajo) han sido completamente cepilladas.

términos de estilo

estilo de césped artificial / styles

Un estilo de césped artificial se define por la suma de todas las partes de los materiales de mechones - su forma de hilo, longitud, peso y color; número de puntos; junto con el estilo de respaldo.

penacho / tuft

las cuchillas de hilo, anidadas juntas crean un único PENACHO.

cada penacho puede contener múltiples puntos de hoja de hilo, en una amplia gama de colores, varias alturas de pila y formas de extrusión de hilo.

peso de fachada

El peso de fachada, expresado en onzas, es el peso total, por yardas cuadradas, de las fibras de la superficie de un estilo.

tuft = penacho

peso total

El peso total de un estilo, incluyendo las superficies empenachadas y el respaldo; el peso se mide por la yarda cuadrada y se indica por la onza.

KdK - tejido a tejido y textura

Un proceso de textura, kdk mejora la forma de la fibra del hilo a menudo reduciendo la altura de la pila terminada pero aumentando la cobertura y la resistencia; común a los estilos de paja, campo de golf, alfombras de golf y cancha de pelotas.

altura de pila y puntos

Para un estilo, la altura de la pila generalmente indicará la altura promedio de la fibra más alta en el mechón - un solo punto. Las puntas se refieren al número de puntas de todas las hojas usadas en un solo penacho. Cada fibra utilizada es igual a 2 puntos.

tasa de sutura

La tasa de puntadas se refiere al número de puntadas; un factor de la longitud de cada mechón; medido como un promedio sobre la longitud de 3 pulgadas. Tasas de puntadas más altas = estilos más densos.

denier / yarn denier

El denier de un hilo se refiere al peso del hilo en gramos, por la longitud (9000 metros); cuanto más bajo es el número, más fina es la fibra; cuanto más alto es el número, más gruesa es la fibra.

extrusión (forma de hilo) / yarn extrusion

El proceso de producir varias formas de hilo empujando bolitas fundidas de olefinas, a través de aberturas de varios tamaños y formas. Una vez extruido, se pueden aplicar mejoras en la fibra del hilo, como KdK y torsión a las hojas individuales, creando muchos estilos.

peso de fachada / face weight

El peso de fachada, expresado en onzas, es el peso total, por yardas cuadradas, de las fibras de la superficie de un estilo.

peso total

El peso total de un estilo, incluyendo las superficies empenachadas y el respaldo; el peso se mide por la yarda cuadrada y se indica por la onza.

KdK - tejido a tejido y textura

Un proceso de textura, kdk mejora la forma de la fibra del hilo a menudo reduciendo la altura de la pila terminada pero aumentando la cobertura y la resistencia; común a los estilos de paja, campo de golf, alfombras de golf y cancha de pelotas.

altura de pila y puntos

Para un estilo, la altura de la pila generalmente indicará la altura promedio de la fibra más alta en el mechón - un solo punto. Las puntas se refieren al número de puntas de todas las hojas usadas en un solo penacho. Cada fibra utilizada es igual a 2 puntos.

tasa de sutura

La tasa de puntadas se refiere al número de puntadas; un factor de la longitud de cada mechón; medido como un promedio sobre la longitud de 3 pulgadas. Tasas de puntadas más altas = estilos más densos.

medidor de penacho y fijación de penachos

El medidor de penachos se refiere al espacio entre las filas de puntos; comúnmente, el medidor de penachos es de ½ pulgadas o menos. La unión de los penachos se refiere a la cantidad de fuerza que se necesita para sacar un penacho de su soporte; el promedio mínimo es de 10 libras.

índice de puntada y medidor de penacho

Las superficies deportivas y de canchas generalmente tienen el tamaño de puntada más pequeño y un calibre de penacho estrecho donde los estilos de césped, flecos, césped de juego tendrán puntadas más grandes y un calibre de penacho más amplio para permitir cantidades adicionales de relleno para mejorar el rebote.

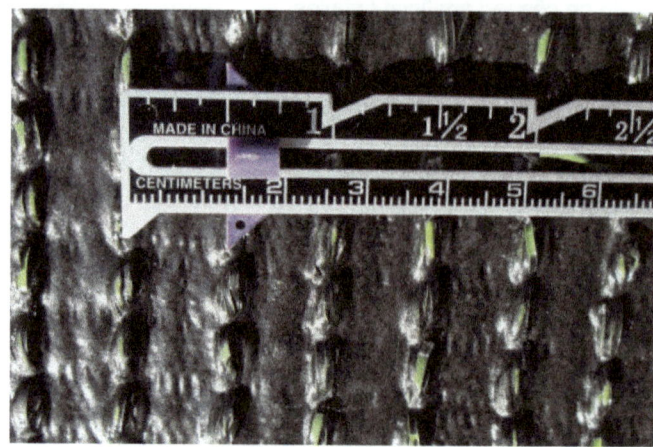

medidor de penachos (hileras de suturas)

tasa de puntada (tamaño):

La densidad del estilo de la superficie se ve afectada por la tasa de sutura y el calibre del penacho. A la derecha hay un primer plano de los puntos individuales usando dos tasas de sutura y medidores de sutura diferentes.

Cuanto más pequeña es la puntada más densos son los penachos; la altura de la pila, el número de puntas y el estilo del hilo de cada hoja en el penacho también afecta al aspecto, el tacto y las características de rendimiento del estilo final.

medidor de penachos (ancho de puntada y de hilera) elecciones comunes:

- estilos de césped, franjas y campo de juego (rollos de 12 a 15 pies de ancho)

- tasa de sutura media de 8 a 12 por cada muestra de 1 pulgada
  - ❑ promedio del calibre de penachos 3/8" - 1/2"
  - ❑ deportes - campos de golf, bochas, canchas (rollos de 12 a 15 pies de ancho)

- Tasa media de sutura 10-16 por muestra de 1 pulgada
  - ❑ promedio del medidor de penachos 3/8" - 5/16"

selección de color

Cada fabricante diseña una línea de estilos de césped artificial para seleccionar. Los estilos populares tienden a ser creados para que luzcan como semillas naturales y césped; festuca, ciempiés, centeno, bermuda, otros.

La forma y la longitud de cada cuchilla serán únicas. Para ofrecer opciones para cualquier gusto o necesidad muchos estilos de césped artificial están diseñados usando múltiples colores, formas y longitudes por penacho.

hojas de hilo de formas naturales, tonos y colores
nos recuerdan a la festuca, bermuda,

respaldo común

características populares:

- el soporte de un estilo está compuesto por múltiples capas de telas geotextiles sintéticas tejidas y no tejidas, a menudo recubiertas de poliuretano o cubiertas por una capa de tela tejida permeable

- un soporte mejora la union del penancho y la integridad estructural de las superficies

- los soportes se suelen perforar para aumentar la permeabilidad (drenaje)

telas estabilizadoras debajo de la base

Para obtener mejores resultados, utilice un tejido de polipropileno no tejido (geotextil) - parecerá un material de fieltro pesado y
proporcionará una capa estabilizadora porosa y duradera entre los suelos nativos y los materiales de la sub-base.

Las características principales incluyen:

- no tejido, geotextil de polipropileno
- protección contra la erosión; separación de capas
- alta tasa de flujo de agua; permeable
- alta flexibilidad, resistencia a la perforación
- estabilidad, resistencia a la tracción y durabilidad
- resistente a la degradación y a los productos químicos

Instalados como se describe en los capítulos siguientes, los tejidos geotextiles también actuarán como una barrera contra los roedores, los insectos y los daños en las raíces, ayudando a reducir el fallo de la sub-base, con el tiempo.

Los materiales están disponibles en rollos de varios tamaños en proveedores de material de jardinería y viveros; se venden en rollos más pequeños de 4 pies a un máximo de 15 pies de ancho. Se utilizan grapas o clavos de yute para clavar los bordes y piezas superpuestas para mantenerlos en su lugar antes de añadir la base.

Los geotextiles de fieltro, sintéticos y no tejidos son permeables y proporcionan estabilidad a largo plazo en el

correctamente instalado, los geotextiles son una barrera efectiva para las raíces invasoras, roedores, insectos, gusanos y hormigas.

elegir un geotextil no tejido que sea poroso para que drene y, sin embargo, fuerte y flexible para que no se estire fuera de forma

3 Yards de Base

comenzar a soltar la base en la parte posterior del proyecto

un paisaje ancho y estriado o un rastrillo de asfalto es la mejor herramienta a utilizar para emplumar (esparcir) los materiales de base en el área de su proyecto

para obtener mejores resultados, sólo use el borde plano del rastrillo de paisaje

la capa base

Su elección de los materiales de base utilizados sobre la capa de tela y debajo del césped artificial necesita un poco de reflexión. Quiere que lasub-base permanezca porosa y que mantenga su altura y forma incluso en condiciones extremas de clima y uso.

El material compacto de capa* es un material ideal para usar como base, sin embargo, también podría querer instalarse sobre cemento existente o nuevo, sobre asfalto, en la parte superior de un techo u otra superficie no porosa donde se establece la "base" del proyecto. Cuando se instala en superficies duras, no porosas, sin una capa de base - utilice el tipo apropiado de contactadhesivos para pegar el césped artificial, de forma permanente. (véase el CAPITULO 1)

* agregados compactables

Encuentre un proveedor local de materiales de paisaje de arena y grava en el área del proyecto para pedir materiales. Siempre compre materiales "nuevos".

necesitarás saber:

- cuántos metros cúbicos de base se necesitan
  - ☐ ¿a qué profundidad quieres la base?
  - ☐ la profundidad media para el proyecto de césped podría ser de entre 3 y 5 pulgadas
  - ☐ la profundidad promedio para el proyecto de césped podría estar entre 3 y 5 pulgadas
    - ✓ profundidad promedio para un putting green - mínimo de 6 pulgadas
    - ✓ pies cuadrados totales del área

* Ampliamente disponible, ya que se utiliza en la construcción de carreteras, es nueva, recién triturada "base de la carretera" que se compone esencialmente de ¾ pulgadas y rocas más pequeñas mezcladas con materiales cada vez más pequeños llamados "polvo de trituración" o "finos". Las rocas de ¾ pulgadas y el polvo de trituración (finos) son fáciles de esparcir (plumas) y pueden ser usadas en "elevaciones" de 3 a 4 pulgadas. Se compacta fácilmente usando un rodillo lleno de agua o un compactador de placa vibratoria, pero sigue siendo poroso para drenar bien a diferencia de los materiales triturados más finos como el DG (granito descompuesto).

costuras

selecciona tu método

Cuando tu diseño requiere dos o más piezas de césped artificial habrá al menos una costura. La forma en que decidas el método de costura depende del tipo de proyecto. Las superficies deportivas, guarderías y otros patios activos deben ser seguros para el juego agresivo que requiere que las costuras se peguen donde el césped y las aplicaciones de jardinería pueden ser fácilmente cosidas con clavos.

ambos métodos requieren el uso de telas de costura.

También conocida como cinta; la tela de costura suele estar disponible de 6 a 12 pulgadas de ancho y en rollos de hasta 300 pies lineales; la mayoría de las ferreterías llevan rollos de 25 a 50 pies lineales.

consideraciones

- **el tipo de uso determina**
  - **adhesivos / pegamento + tejido de costura**
  - **clavos + tela de costura**
- **durabilidad y fiabilidad bajo el uso, el clima, el tráfico (interior vs. exterior)**

En una sub-base compactada que se utiliza típicamente para el césped, 3 ½ a 5 pulgadas de clavos con tela de costura es la mejor solución para las costuras; los proyectos en superficies duras (cemento, asfalto) y los techos deben ser cosidos con un adhesivo de contacto.

opciones típicas de suministro de costura:

- tejido de costura
  - ☐ tela no tejida
  - ☐ alta resistencia a la tracción
  - ☐ no hay estiramiento o deformación
  - ☐ poroso O no poroso*
  - ☐ 6 a 12 pulgadas de ancho

- clavos o grapas de yute de cabeza plana
  - ☐ 3.5 a 5 pulgadas
  - ☐ las cabezas de uñas deben ser estrechas que el ancho del medidor de penacho de un estilo (ver imagen, abajo)

- * adhesivos, cementos de contacto
  - ☐ seguro, no tóxico, para uso en el exterior
  - ☐ curado por agua para una fácil instalación
  - ☐ tejido de costura no poroso (min 12 pulgadas)

asegúrate de que la cabeza del clavo encaje entre el medidor de penachos

3.5 "
5 "

3 ½ a 5 pulgadas de uñas, con cabezas pequeñas, son ideales para la mayoría de los estilos de césped

la longitud de los clavos es de 3,5 a 5 pulgadas

material de relleno = infill

¿qué es el relleno?

- material granulado, esparcido y rastrillado en la parte superior de la superficie del césped artificial
- se utiliza como lastre o peso para lograr los objetivos estructurales y de rendimiento de la superficie

¿por qué usamos relleno?

- para pesar las superficies
- para llenar los huecos entre las filas y los penachos de las cuchillas para
- aumentar la estabilidad vertical
- cubre las hojas de hilo y el soporte que las protege de los daños de los rayos UV.

El relleno no es la bolsa básica de arena de juego, puede ser un material natural o artificial disponible en bolsas de 30 a 50 libras para la mayoría de los proveedores de proyectos de paisajes. El relleno es un producto que

US Greentech, Inc ©

puede estar hecho de granos simples de cuarzo de sílice resistente, o de gránulos de cuarzo semiredondos recubiertos o no recubiertos, o de polímeros artificiales (como TPE, EPDM o diversas gomas) y de fuentes orgánicas procesadas de forma exclusiva como cáscara de nuez triturada o corcho. Cada tipo tiene sus beneficios; típicamente usamos sílice semi-redonda recubierta de acrílico.

TPE Granule infill

ABAJO | A la izquierda, el relleno ayuda a levantar las cuchillas en posición vertical.

En el lado derecho, las cuchillas han sido cepilladas pero no tienen relleno.

¿cuánto infill?

Para los estilos de césped, rellena entre el 40 y el 50% de la altura de la pila*. Un campo de deporte o un campo de golf debe ser rellenado entre el 90 y el 95% de la altura de la pila y enrollado.

Estilos de césped de 70 onzas de peso de la cara, ½ pulgadas de calibre de mechones y una altura de pila de 1 ¾ a 2 pulgadas con paja puede necesitar hasta 3 a 4 libras por pie cuadrado; especialmente en una zona de alto tráfico.

Los estilos más cortos usan de 1.5 a 2 libras. Cuanto más pequeño es el tamaño del grano (también conocido como malla), más fácil es rellenar los estilos de cara más pesada y de mechones densos.

Los campos de golf, la cancha de bochas y la cancha deportiva necesitarán un grano de tamaño pequeño (también conocido como malla) y pueden requerir hasta 4+ lbs por SF para la mejor respuesta de la pelota.

*O sigue las instrucciones del fabricante

relleno = "infill"

características clave del relleno:

El relleno (infill) es un componente clave para muchas superficies; distribuido uniformemente y rastrillado profundamente en el relleno de las cuchillas es crítico para el rendimiento de la vista.

- **proporcionando peso como un vendaje (lastre) sin aplastar, sin polvo, granuladoy sin compactar**
- **ser inerte, libre de polvo, con forma de gránulo semi-redondo (no rectangular)***
- **esconder soporte y cuchillas para protegerlas disminuyendo la exposición a los rayos UV**
- **ayuda en la resistencia y el apoyo vertical para el rebote de la pila**
- **propiedades antimicrobianas, antibacterianas y reduce el calor, la estática y los oloress**

Una amplia variedad de soluciones de relleno están en el mercado, hoy en día. Todas ellas son un tipo de revestimiento superior granulado; típicamente disponible en bolsas de 50 libras en los proveedores de materiales de jardinería. Los estilos populares de césped y muchos estilos de campos de golf y bochas requieren de 2 a 4 libras de relleno por pie cuadrado de superficie.

El relleno se especifica por el tamaño del gránulo (tamaño de la malla o pantalla) y se estima para su trabajo por libras por pie cuadrado según sea necesario para "rellenar" entre los mechones y las filas.

Para obtener mejores resultados, sugerimos que se añada suficiente relleno para rellenar entre las filas de mechones hasta aproximadamente el 40 a 50% de la altura máxima de la pila del estilo de césped artificial, para los céspedes. Los estilos de canchas deportivas y de campos de golf pueden requerir de un 80 a 95% de relleno para lograr la jugabilidad deseada.

Ver más sobre el relleno en el capítulo 15.

* la desventaja del relleno angular:

Los granos de arena de sílice comunes, comúnmente usados para proyectos de pavimentación, son de forma angular y se aplastarán bajo el tráfico peatonal, con el tiempo. Las superficies se endurecen, permanecen más calientes, mantienen los olores, el musgo y el moho reduciendo la capacidad de la superficie para drenar bien (permeabilidad) y exaspera todos los problemas.

semi-redunda

angular

añadir relleno (infill) a aproximadamente el 40-60% de la altura máxima de la pila del estilo para obtener mejores resultados; óptima resistencia, aspecto y tacto

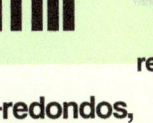

tipos de infill

recubierto de acrílico

- gránulos de cuarzo semi-redondos, recubiertos o no recubiertos (los granos de sílice son redondeados)
- polímeros* - (nuevas formas extruidas de TPE, EPDM y goma de miga reciclada triturada)
- materiales orgánicos - cáscara de nuez y corcho triturados

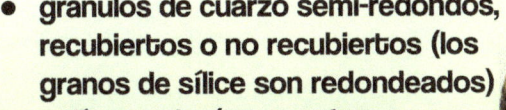
recubierto de polímero

lastre granular = "top dressing"

- arena de sílice común angular limpiada y secada
- finas aplastadas
- zeolita granulada (alias clinoptilolita)

migaja de tpe

Un lastre granular o "top dessing" (revestimiento superior) es tradicionalmente de forma angular y s e punteará o "bloqueará" en su lugar, en lo profundo de las cuchillas.

migajas recicladas

Un lastre granular proporciona peso y estructura a las superficies y ofrece una sensación general más densa que puede ser necesaria para ayudar a que los estilos de césped comunes funcionen, como es de esperar, para deportes específicos; especialmente la petanca, los bolos sobre césped o los greens.

cáscara de nuez

* Los polímeros, por su naturaleza, son gránulos sintéticos hechos por el hombre y pueden contener químicos que son controlados por su estado.

En el caso de California (EE.UU.), algunos polímeros; gomas de migajas de neumáticos recicladas y nuevas y algunos TPE, productos de relleno recubiertos de polímeros; llevan advertencias de la Propuesta 65 (Prop 65). Cualquier producto con una advertencia de la Propuesta 65, según la Ley de Agua Limpia de California, debe ser etiquetado con advertencias de que el producto puede exponer a los seres humanos a posibles daños reproductivos o a problemas de cáncer..

arena plana

formas, tamano

 semi-redonda

 angular

 polímero extruido (cono)

tamaño del grano (malla)

El tamaño de los granos de los gránulos de relleno se denomina malla, que se relaciona con el tamaño de los granos. Las materias primas se separan mediante cribas y el tamaño de la abertura en el material de la criba (malla) controlará el tamaño de los granos que caen a través de ella; el tamaño de la malla se refiere a menudo por la medida del grano promedio más pequeño a los granos más grandes que se pueden encontrar en la bolsa a granel.

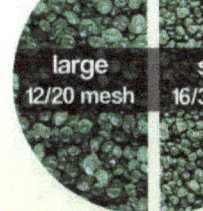
large 12/20 mesh — small 16/30 mesh

Un ejemplo sería 12/20 o 16/30 - el tamaño del grano en milímetros.

La malla 12/20 es más grande que la malla 16/30

El tamaño de la malla determinará la cantidad de material, por libra por pie cuadrado, que se utilice. Simplemente multiplique el total de pies cuadrados del área de su proyecto por las libras por pie cuadrado requeridas y divida el total por el peso total de los materiales embolsados que compra.

Total de SF x Lb por pie cuadrado =
Total de Lbs

Total de libras / bolsa de 50 libras =
Total de bolsas

Ejemplos y sugerencias, ver Estimación – Capítulo/Página 11–08

zeolita

este capítulo contiene:

- gestión del agua
- drenaje sub-superficial
- swales y opciones multiestacionales
- drenajes del canal
- bombas de sumidero

capítulo 10
el drenaje como elemento de diseño

zanja de agua

rejilla de drenaje oculta

sistema de drenaje oculto

dejar que la gravedad haga el trabajo

Cada proyecto tiene su propia dinámica que afecta a las decisiones sobre cómo diseñar el proyecto y obtener los mejores resultados. Para manejar l a escorrentía estacional de la lluvia o el derretimiento de la nieve, tómese el tiempo de considerar el uso de la pendiente natural y permita que la gravedad sea su "guía" en el diseño del sistema de drenaje.

Con el césped artificial, que es típicamente poroso, se pueden construir todo tipo de soluciones de drenaje bajo las superficies de césped artificial, y a lo largo del borde exterior. Los pasos de la construcción incluirán la preparación del área para nivelar; zanjeado e instalación de tubería perforada (3-4 pulgadas) y cualquier conexión junto con las cuencas de captura, limpiar las rejillas según sea necesario.

Sobre el drenaje instalado y el suelo preparado instalamos telas de barrera contra la maleza; en nuestro trabajo de muestra terminamos con varias rocas y hiedra sobre los tubos de drenaje y rejillas; debajo.

los riachuelos secos se ven muy bien y también se doblan como canales de drenaje

Ten en cuenta que tu línea de drenaje necesitará una luz de día (acceso a las tuberías a través de una rejilla expuesta) para proporcionar una limpieza, a lo largo de la "línea". A menudo escondemos estas limpiezas a lo largo de la línea de drenaje en un jardín bajo una gran roca o arte de patio; entonces es fácil de localizar y acceder, si es necesario.

Mantengan el lecho seco del arroyo o el área de mantillo libre de hojas, maleza y crecimiento voluntario de la hierba para obtener mejores resultados. Si va a agregar plantas al lecho del arroyo seco, también agregue un calcetín de barrera contra la maleza, sobre la tubería, para mantener los tubos y las uniones libres de raíces invasoras.

bajantes y lechos de roca

¡Un uso brillante del lecho de un arroyo seco no es sólo para la decoración durante todo el año, bien construido, sirve como una forma de dirigir y mover la escorrentía de agua de los brotes de abajo existentes (o nuevos)!

La alcantarilla se crea durante la preparación del sitio y la excavación. Con un paso menor, cuesta abajo, ¡la gravedad hará todo el trabajo en mover la escorrentía de la tormenta hacia donde tiene que ir! Y puede utilizar cuencas de captación bajo la superficie y tubería rígida para mover el agua hacia las soluciones de drenaje principales de la comunidad.

bejante

bejante

losas, swales y lechos de roca

Un aspecto muy deseado es tener un hermoso follaje verde entre grandes losas de hormigón bien construidas. Con al menos 5-6 pulgadas de ancho en los huecos, se puede utilizar el césped artificial para ocultar las soluciones de canales o desagües franceses.

Los sistemas de drenaje ocultos pueden manejar las peores situaciones y canalizar el desbordamiento de la piscina, la lluvia estacional o el deshielo de la nieve - también puede utilizar el canal y ocultar las vías de irrigación o el conducto para los cables telefónicos y eléctricos de bajo voltaje (instalados de forma segura).

el césped artificial es tan flexible que puede ser usado en pequeños canales estrechos hasta grandes patios de suave pendiente. Junto con un drenaje adecuado, es una solución muy efectiva para el paisaje.

Las ventajas de utilizar hierba artificial para cubrir los huecos entre las losas pueden ampliarse para ayudar a controlar la erosión en las alcantarillas abiertas. Confíe en el césped artificial como barrera de control de la erosión y en la alcantarilla para llevar la lluvia o la nieve derretida en movimiento rápido a una zona adecuada donde pueda drenar con seguridad.

Construya su alcantarilla e instale el césped artificial para que corra por las laderas y baje hasta el fondo del canal de la alcantarilla para un canal de drenaje abierto sólo para el césped. Si te gusta el aspecto del lecho de un arroyo seco o si hay escorrentías en condiciones climáticas extremas, añade una mezcla de roca deco; adoquín y otras piedras del campo; en la alcantarilla para obtener una estabilidad extra.

rejilla de drenaje oculta

ARRIBA | Entre las losas de cemento se puede instalar cualquier tipo de solución de drenaje. Esconda los desagües franceses, los desagües de canal y las tuberías perforadas o las soluciones flexibles de ABS. Todos ellos pueden ser utilizados junto con las juntas y otros accesorios como cuencas de captura cuando se instalan correctamente.

ABAJO | Una selección de rocas para esta alcantarilla del patio trasero era la forma ideal de manejar la escorrentía de la lluvia de invierno que caía en el cisne abierto existente para proporcionar un estable y hermoso recorte al lecho del arroyo seco, los jardines en la valla y el césped artificial.

el césped extiende el área del patio, abraza la ladera y su borde está asegurado bajo el borde de roca empedrada

alcantarilla abierta / swale

Imagen Copyright © 2001-2020 Costa

drenajes de canal

Los diseños de paisajes difíciles con muchos adoquines, concreto o cubiertas de piscinas son a menudo donde se encuentran los sistemas de drenaje de canales en uso. Los instalamos para alejar el agua y la escorrentía del clima de las superficies no porosas, rápidamente.

los estilos comunes de césped artificial están diseñados para drenar verticalmente

Recuerde que el césped artificial está diseñado para drenar verticalmente; la tela y los soportes de uretano perforados drenan al menos 20 pulgadas* de agua estancada por hora; construido con una base de agregado del curso, esa capa base puede disminuir la percolación a aproximadamente 8 pulgadas por hora; sin embargo, con un paisaje más duro en diseños de patios más pequeños, las rejillas expuestas y los drenajes de canal son ideales.

Cuando el drenaje está bien planificado y las soluciones están instaladas correctamente hay poca preocupación; incluso durante el clima extremo; ese césped restringiría el flujo de agua de lluvia o el derretimiento de la nieve ol

Si su proyecto es una renovación de la jardinería existente y los desagües de los canales ya están instalados, están ahí para manejar la escorrentía extrema y deben dejarse en su lugar.

En condiciones extremas - puede que quieras instalar el sistema de drenaje del canal y dejarlas rejillas de drenaje expuestas (ver imagen a la derecha). Las rejillas de drenaje también pueden ser instaladas justo debajo de la base del césped, donde no se verán en o debajo del nivel final de la base.

*Los índices de percolación pueden variar desde 20 pulgadas de agua estancada por hora hasta más de 100 o más. La sub-base determina el porcentaje final

bejante

canal de drenaje de 1 pulgada

Este pequeño patio trasero y la cantidad de concreto usado en el paisaje de estos patios renovados; arriba y abajo; hizo que dejar los desagües y tuberías del canal existente en el lugar fuera la mejor opción.

rejillas de drenaje de canal expuesto

rejilla de
drenaje expuesta

bomba de
sumidero expuesta

rejilla expuesta

rejilla expuesta y bomba de sumidero

Como la mayoría de los soportes de césped artificial son porosos y drenan verticalmente, se pueden esconder soluciones de drenaje agresivas debajo de las superficies.

Cuando las condiciones y consideraciones de drenaje son extremas - la instalación de rejillas de drenaje, expuestas en la superficie de la hierba o el paisaje duro puede ser apropiado.

Para este proyecto, en el que el propietario de la casa a menudo experimentaba inundaciones en el fuerte clima invernal, instalamos una bomba de sumidero en la zona del césped, ocultando el equipo con una roca "falsa" y una colección de plantas en maceta.

Lanzar la pendiente final de la base y del césped artificial para favorecer que el agua de lluvia y el deshielo de la nieve en invierno fluyan hacia la rejilla de drenaje expuesta y utilizar tuberías duras y cerradas para trasladar el agua a la luz del día, de forma adecuada.

bomba de
sumidero

este capítulo contiene:

- pautas de diseño
- consejos de diseño
- hoja de trabajo de diseño
- hoja de cálculo de estimación

capítulo 11
estimar herramientas, consejos de diseño, ordenar materiales,

directrices de diseño

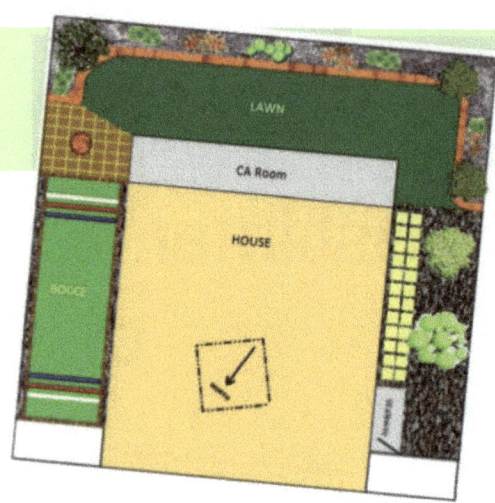

Las áreas de césped artificial se utilizan a menudo para llenar los espacios entre los jardines, senderos, caminos de entrada, patios y terrazas que guían tu ojo a través del diseño del paisaje de tu patio. Para un césped artificial, estos elementos ayudan a definir el tamaño y la forma del césped.

A menudo, los céspedes se encuentran con bordes de jardín, rocas, mantillo y materiales sueltos que se benefician del uso de un borde de corte. Para un césped natural, que necesita mantenimiento, una "franja de corte" es la elección típica. Con el césped artificial no es necesario usar tablas de curvar, bordillos y bandas de corte; tienes más opciones para elegir, usando césped artificial*.

diseño para mantener el grano en la misma dirección

en línea y con costuras a tope

Hay dos tipos diferentes de costuras que puedes usar para lograr una cobertura completa con tu césped artificial. Comúnmente usamos costuras INLINE a lo largo del corte y una costura CRUZADA a lo largo del ancho de los materiales (ver ejemplos - derecha)

Las mejores opciones de corte* a considerar son duraderas, atractivas y complementan otros elementos en el diseño de tu paisaje, añadiendo valor al aspecto, la forma y la función del paisaje. Nuestras opciones favoritas son la roca natural, los muros de bloques, las baldosas, los adoquines, el ladrillo y una técnica avanzada que llamamos "un borde enrollado"; ("a rolled edge")

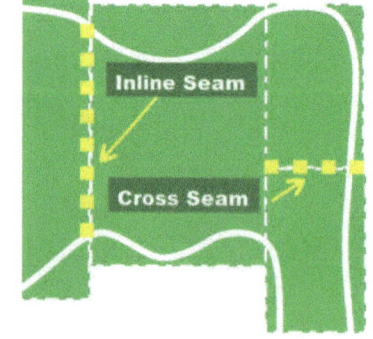

los siguientes sitios NO son recomendados!

- sobre cualquier tipo de campo de filtración
- en un techo o en las paredes
- sobre la madera, a menos que sea temporal; es genial en interiores o si la madera está sellada
- demasiado cerca del tronco de los árboles maduros revisar Capítulo 14 Jardines y árboles
- colocados sobre la tierra desnuda, a menos que sea temporal

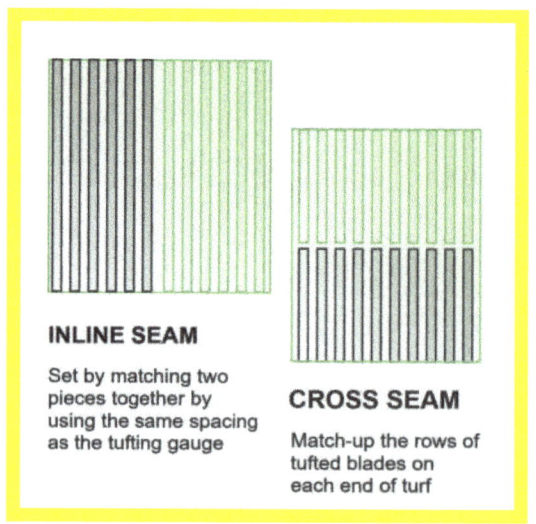

INLINE SEAM
Set by matching two pieces together by using the same spacing as the tufting gauge

CROSS SEAM
Match-up the rows of tufted blades on each end of turf

*Revisa los capítulos 1 a 10 para obtener ideas!

los bordes de la acera y las bandas de corte no son necesarios; se pueden utilizar opciones creativas* para proporcionar un borde para tu césped artificial

hojas de trabajo de diseño y estimación

Hemos proporcionado un juego de formularios en blanco para que puedas dibujar tu propio plan de diseño y sumar los materiales que necesitas para tu proyecto. Hay una cuadrícula de diseño (página de gráficos) y también una hoja de cálculo para ayudarle a armar su plan y orden, fácilmente.

En las siguientes páginas encontrarás ejemplos de un proyecto de césped que te servirá de guía. También hay una tabla de cálculos de uso común, unidades de medida y matemáticas para ayudarte a calcular las cantidades de cada elemento clave.

Modifica y adapta el plan a tus necesidades.

el césped artificial está disponible en anchos de 15, 13 o 12 pies en la mayoría de las fuentes. porque un producto de 15 pies de ancho es el ancho más común disponible para nosotros lo hemos usado en todos nuestros ejemplos.

Marcar tu plan ayudará durante la construcción. Nota en el diseño de muestra que marcamos un elemento sólido fácilmente identificable que puede proporcionarnos una orientación de 90 grados. Este elemento no móvil ayuda a asegurar una marca de anclaje para colocar el césped en el suelo en el ángulo adecuado. También puedes usar los cimientos de la casa o el paisaje duro.

Identificar cada trozo de césped necesario con letras o números te ayudará a organizar cada rollo de tu pedido. Los rollos tendrán una etiqueta con el ancho y largo del rollo y el número de lote del tinte. Asegúrate de que todos los números de lote de tinte coincidan; si no es así, contacta con tu proveedor.

para obtener los mejores resultados, sigue estas directrices

- Mantener el grano del estilo del césped en la misma dirección, de cara al "frente"
- Reducir los residuos utilizando un patrón de diseño que divide el ancho del césped en pequeños trozos fácilmente. (15 FT de ancho se descompone en 2,5, 5, 7,5, etc.)
- Considera siempre cómo se usa tu área, tu corte, bordes, irrigación, drenaje y pendientes.

raíces de árboles y plantas esparcidas a lo largo del tiempo; diseña con sumáxima expansión enmente

los puntos de grano hacia la casa en este proyecto

herramientas para estimar

Si tienes un proyecto pequeño o de una sola pieza (corte) nuestro kit de estimación* podría no ser necesario, sin embargo, si los planes de tu proyecto incluyen una variedad de elementos, utilizar nuestras directrices para herramientas y utilizar nuestros formularios ayudará.

Comienza tu plan reuniéndote:

- para proyectos grandes, una cinta de medición flexible de 100 pies y una variedad de cintas de medición más cortas (25', 35', 50' según sea para proyectos grandes, una cinta de medición necesario)
- lápiz y una variedad de lápices de colores calculadora u hoja de cálculo
- hoja de trabajo de diseño en cuadrícula* o papel milimetrado
- hoja de cálculo* o página en blanco para preparar su lista de pedidos de materiales

un plan puede ayudarte a ordenar y construir tu proyecto sin esfuerzo!

Es crítico tener un plan (patrón de diseño) con medidas precisas para asegurar que ordenas la cantidad apropiada de materiales y que no te faltan materiales de trabajo o tienes problemas de entrega. Revisa tus medidas, dos veces! Pregunte sobre las opciones de entrega; recoger los materiales puede ahorrar gastos.

Una vez que revises los consejos de diseño en páginas futuras verás cómo, en proyectos más grandes, el uso de múltiples cintas de medición puede ayudarte a completar tu patrón de diseño y medidas de forma rápida y fácil! Resalta y etiqueta las costuras, la ubicación de los cabezales de riego, las luces de día de drenaje existentes, las tuberías y cabezales, las líneas de bajo voltaje y otras líneas de cable o gas para que sirvan de referencia.

Después de crear tu patrón, puedes determinar cuántos pedazos de césped artificial necesitarás y marcar tu plan.

*Los formularios están disponibles en el Apéndice

decide recoger o ser entregado

Tendrás que decidir si te entregan los rollos o los recoges.

Es recomendable pedir los materiales de césped en trozos separados (cortes) para proyectos más grandes, ya que los rollos más largos de césped artificial pueden ser muy pesados**; difíciles de descargar del camión de reparto y, también, de mover por el lugar del proyecto.

Si tienes acceso a un carrito de alfombras es más fácil descargar y mover tus materiales de césped. Recuerda planificar la entrega teniendo varias personas disponibles si tienes que descargar los materiales, manualmente. Un montacargas y un poste para alfombras es ideal para profesionales o proyectos grandes.

La carga se añadirá a tu pedido de césped si lo envías y lo entregas en un lugar de trabajo.

Un transportista controla los gastos de envío. Tu proveedor puede proporcionarte opciones y costos a medida que haces tu pedido. **Los cilindros que superan los 25-30 pies, con un promedio de 70 onzas de peso total de la cara pueden superar varios cientos de libras;

**El peso total del estilo se mide por yarda cuadrada (SF x 9); el PESO TOTAL es la suma de las cuchillas (cara) y el respaldo del estilo - un estilo de 70 onzas puede fácilmente tener un peso total del estilo de 94-96 onzas por yarda cuadrada (SY).

consejos de plan de diseño

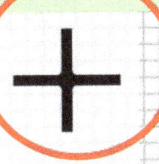

Use graph paper; (or our sample form, in appendix) find and mark a 90 Degree angle that is easy to identify on your site to orient how you will lay the grain of the turf.

This could be the corner location where the porch and house meet, a patio edge, wall or another element.

Do this to make sure you are measuring and designing your pattern so your turf order will successfully complete your design.

If you do not have seams, simply plan to lay the turf down to point the grain towards the viewer, for best results.

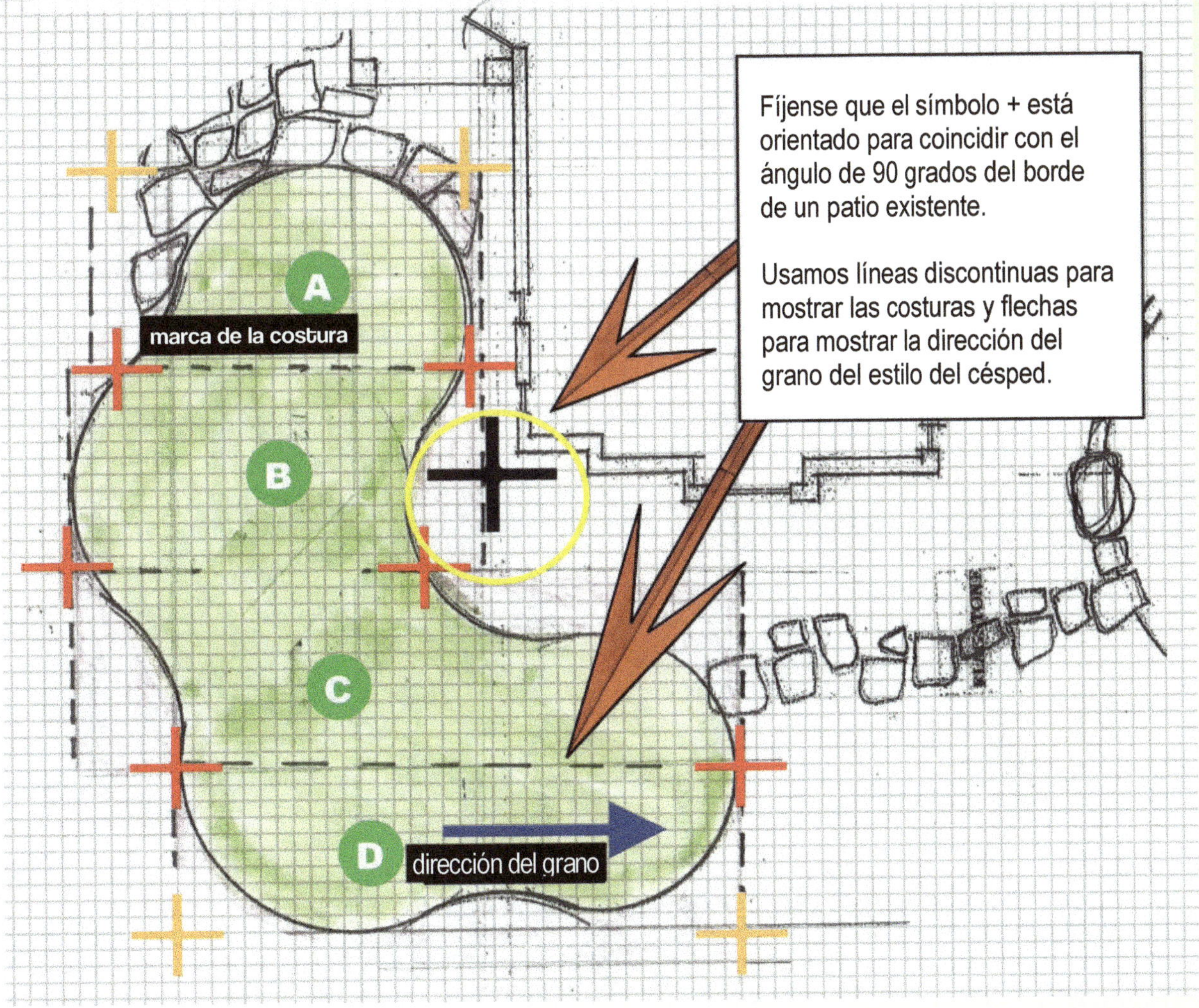

marca de la costura

A

B

C

D   **dirección del grano**

Fíjense que el símbolo + está orientado para coincidir con el ángulo de 90 grados del borde de un patio existente.

Usamos líneas discontinuas para mostrar las costuras y flechas para mostrar la dirección del grano del estilo del césped.

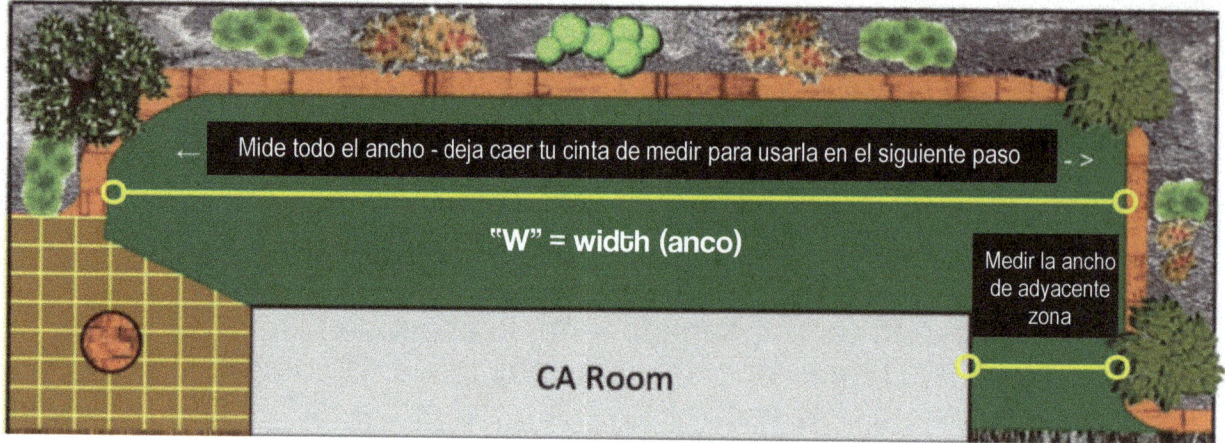

FIGURA 1:

Coloca tu primera cinta de medición a lo largo del mayor ancho del proyecto. También toma medidas en áreas más pequeñas - de nuevo - en el ancho. Toma notas o deja las cintas en su lugar.

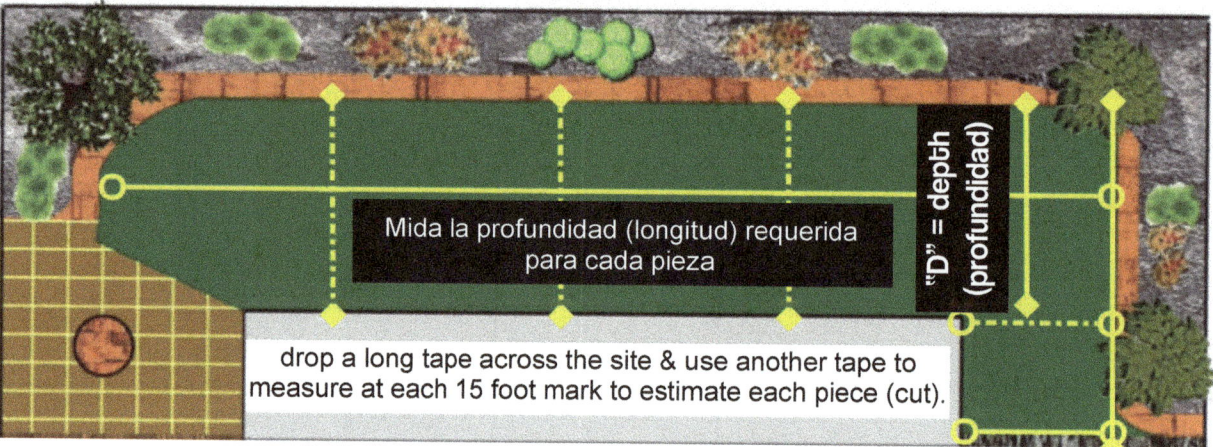

FIGURA 2:

Nuestro ejemplo utilizará 15 pies como el ancho de nuestros materiales. Después de dejar caer la cinta métrica principal, caminaremos hasta cada marca de 15 pies (15, 30, 45, etc.) y mediremos la longitud requerida. Ningún proyecto es perfecto, por lo que nuestro ejemplo muestra que necesitaremos menos de 15 pies de ancho para completar la última área, que también es más larga.

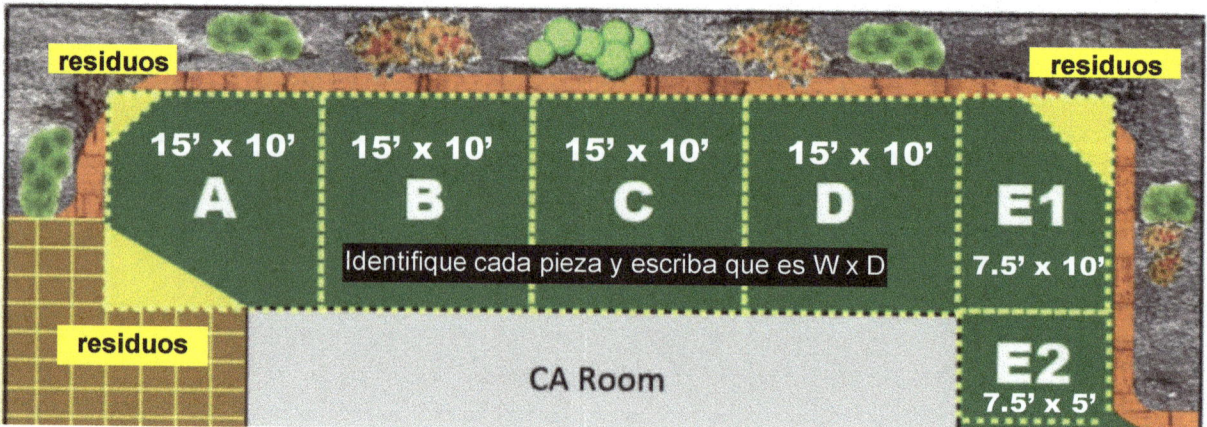

FIGURA 3:

Usando el ejemplo de los materiales de 15 pies de ancho - el patrón (arriba) indica que se pueden ordenar 4 piezas (15 pies de ancho y 10 pies de largo) - el último segmento (E) es de 7.5 pies de ancho pero 15 pies de largo por lo que podemos ordenar un solo largo de 15 pies de ancho x 10 pies de largo. Antes de instalarlo, cortaremos esta pieza (E) en 2 piezas de 7,5 pies de ancho x 10 pies de largo. La pieza E1 tendrá 7.5 pies de ancho y 10 pies de largo. La pieza E2 se cortará en 7,5 pies de ancho x 5 pies de largo y se unirán E1 y E2 usando una costura en cruz. Las áreas amarillas indican los desechos del corte.

crear un patrón

Vamos a utilizar ejemplos de áreas de césped bastante grandes para centrarnos en cómo crear un patrón para los trabajos más complejos En nuestros ejemplos estamos utilizando un estilo de césped que tiene 15 pies de ancho. Puedes seguir nuestra guía con cualquier estilo o ancho de césped; ajusta según sea necesario.

(Ver más en el capítulo 14)

Hay que tener en cuenta que cuando el área exterior de la forma se ondula en un exterior (ver el ejemplo de dibujo a la derecha) que hay que medir cada trozo de césped a la longitud hasta el área máxima que pretende cubrir. Como se muestra en la Figura 2 (IZQUIERDA) para un área grande dejamos caer nuestra cinta métrica más grande (100 LF) y la pasamos por el lado más largo del área del proyecto. Utilizamos esta cinta para determinar dónde se encuentran los 15 pies de ancho y luego usamos esa marca para medir la longitud de cada sección que necesitamos para cumplir con nuestros objetivos de diseño.

Las formas redondeadas y onduladas tienden a crear más residuos de recortes, sin embargo, si se tiene confianza en las costuras, siempre se pueden usar recortes y reubicarlos para rellenar los huecos. Se necesita una mirada aguda, medidas exactas y costuras adicionales para tratar de utilizar piezas de recorte, por lo que el costo del césped adicional debe ser sopesado contra la mano de obra adicional y la experiencia necesaria para hacerlo. de ancho x 8 pies de largo y cortando la longitud en 3 piezas iguales (5 pies de ancho).

Nos apilamos y cosimos cada una, a la otra. Asignamos a cada corte una letra o un número en nuestro plan; en secuencia. En nuestros ejemplos, usamos letras (ver abajo). El patrón también debe indicar dónde se encuentran las costuras (tanto en línea como a tope). Usamos anotaciones en el patrón de cuán ancho y largo será cada trozo de césped y cuán larga será la costura para que podamos totalizar todo para nuestro pedido en la Hoja de Cálculo. También sugerimos que indiques el drenaje y las rejillas de luz diurna en tu patrón, junto con la ubicación de cualquier tramo de líneas de riego, electricidad de bajo voltaje u otros elementos subterráneos que puedas estar instalando. Después de ordenar e instalar este dibujo se convertirá en una gran guía de cómo se construye su trabajo para futuras referencias. Al medir y crear un diseño, puede que descubras que no puedes usar una pieza completa de 15 pies de ancho porque el área sólo requiere un corte de menos de 15 pies de ancho. Si tienes la

flexibilidad de definir el espacio, crea un diseño para que puedas cortar el césped de 15 pies de ancho en pequeños trozos y apilarlos, de cabeza a cola, cosiéndolos usando una COSTURA DE PERO (ver ejemplo a la izquierda) donde rellenamos el último trozo de superficie tomando un 15 pies de ancho x 8 pies de largo y cortando la longitud en 3 piezas iguales (5 pies de ancho). Nos apilamos y cosimos cada una, a la otra. Asignamos a cada corte una letra o un número en nuestro plan; en secuencia. En nuestros ejemplos, usamos letras (ver abajo).

El patrón también debe indicar dónde se encuentran las costuras (tanto en línea como a tope). Usamos anotaciones en el patrón de cuán ancho y largo será cada trozo de césped y cuán larga será la costura para que podamos totalizar todo para nuestro pedido en la Hoja de Cálculo.

También sugerimos que indiques el drenaje y las rejillas de luz diurna en tu patrón, junto con la ubicación de cualquier tramo de líneas de riego, electricidad de bajo voltaje u otros elementos subterráneos que puedas estar instalando. Después de ordenar e instalar este dibujo se convertirá en una gran guía de cómo se construye su trabajo para futuras referencias.

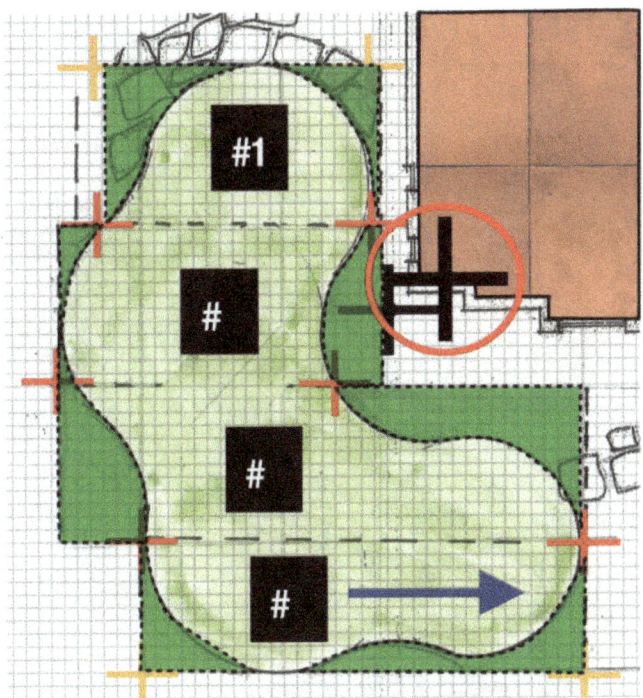

muestra de un gran
proyecto de cesped

indica recorte/residuo

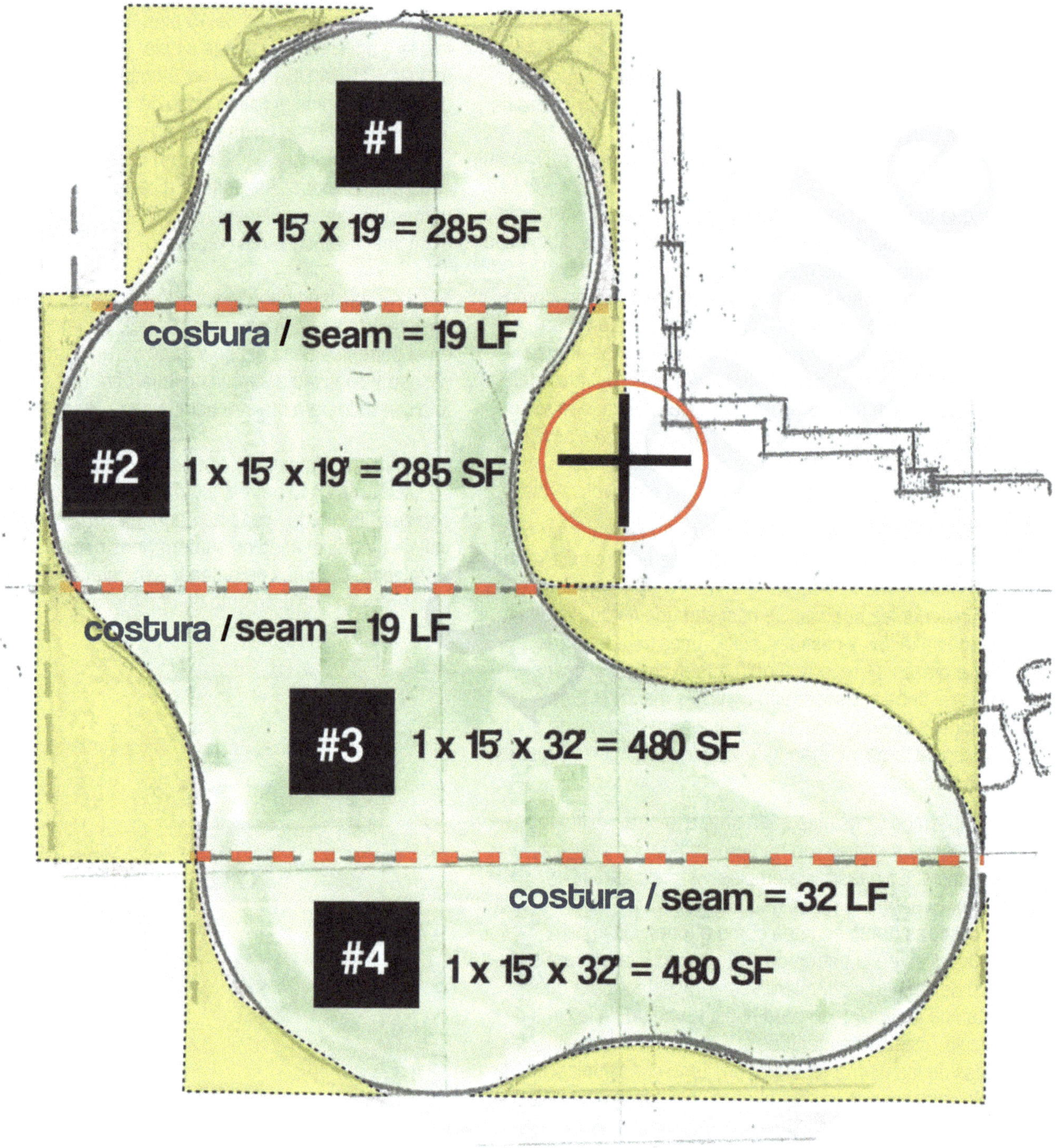

#1

1 x 15' x 19' = 285 SF

costura / seam = 19 LF

#2   1 x 15' x 19' = 285 SF

costura / seam = 19 LF

#3   1 x 15' x 32' = 480 SF

costura / seam = 32 LF

#4   1 x 15' x 32' = 480 SF

El diseño en blanco y los formularios de la hoja de trabajo de Estimación (Orden) se encuentran en el Apéndice.

Artificial Grass Project - Job Materials Report

Date	
Project ID	Sample Estimate
Record #	
Requested by	

sample of large lawn project project estimate

worksheet

Blank design & Estiimate (Order) Worksheet forms are located in the Apprendix

TOTAL ARTIFICIAL GRASS AREA	1530		TYPE	LAWN		STYLE	1.75 inch pile / thatch	

AREA	WIDTH	LENGTH	AMOUNT		WIDTH	LENGTH	AMOUNT	MISC MATERIALS	UNIT	AMOUNT	INFILL	MESH 16/30
Area 1	15	19	285	Area 5				UNDER-LAYMENT FABRIC (SF)		1683	LBS / SF	3
Area 2	15	19	285	Area 6				PERIMETER NAILS (TOTAL LBS)	STAPLE	30 Lbs	TOTAL LBS	4590
Area 3	15	32	480	Area 7				PERIMETER TRIM (TOTAL LF)	1530	ROLL	LBS PER BAG	50
Area 4	15	32	480	Area 8				BASE - AVG LIFT (TOTAL CUBIC YARDS)	4 inch	19 CY	TOTAL # BAGS	92

IRRIGATION	MODIFY			DECO ROCK	TOTAL SF		TYPE		SIZE
SIZE	CAP		ADD	BARK	TOTAL SF		TYPE		SIZE

SEAMING	SEAM FABRIC	NAILS		GLUE	DRAINAGE	TOTAL LF		TYPE			SIZE
TOTAL LF	70 LF	TOTAL LBS 23 Lbs	TOTAL OZ	N/a	MISC PARTS	GRATE	CUFF	90°	45°	T	

OTHER:

Excavate site - cap irrigation pop-ups, set drainage, laydown underlayment fabrics with 6 inch overlap at seams and 6 inches of additional material 360 on perimeter for rolled edge (6 inch)

4 inch of base, compacted ; pre-roll fabrics on all edges - 360 degrees - secure with jute staples

Artificial grass installed, seamed and rolled - full perimeter rolled edge secured with jute staples at the lowest edge of the roll - INFILL (3 Lbs per SF) - backfill with deco rock and flagstone

Seams - nails every 4 inches, with seam fabrics and 4.5 inch coated sinker nails

here's the math for the above "sample estimate"

- **Artificial grass** | 1530 Total SF - you will need to allow for 4 inches 360 degrees around to roll edges
  - ✓ Order in pieces (aka "cuts") | 2 x (15' W x 19' L) & 2 x (15' W x 32 L) = 1530 Total SF
- **Underlayment fabric** | 1530 SF x 10% for rolled edge & overlap = 1683 (round up 1700+)
- **Base layer** | 4 inch | 1530 SF / 80 = 19 Cubic Yards (CY) - material delivery fees are extra
- **Infill** | using 50 Lb bags | 1530 SF x 3Lbs per SF = 4590 Lbs / 50 = 91.8 bags (order 92)
- **Seaming** | use 4.5 inch nails every 4 inches up seam | 70 LF x 8 nails / 25 = 22.4 Lbs (order 23 Lbs)

User_ID	Email Report to	Download File Name

ordenando material de trabajo

Vamos a centrarnos en los materiales básicos de trabajo que forman parte de cada proyecto de césped artificial.

- telas de subsuelo
- base agregada compacta
- césped artificial
- relleno (vestimimenta superior)
- suministros de costura y acabado

Utiliza la cuadrícula de diseño y los formularios de hoja de cálculo de proyectos que encontrarás en el Apéndice para estimar las necesidades materiales de tus proyectos. (ejemplos Páginas 11-8 y 11-9)

Recuerda añadir estimaciones para los adornos, las telas, la base, los suministros de costura junto con la irrigación, el drenaje u otros adornos y el paisaje.

la base y la masa del mantillo, la roca y el suelo se miden por:

YARDAS CUBICAS (CY)
Ancho x Profundidad x Largo | (WxDxL)

por el que se miden el césped artificial y los tejidos:

PIES CUADRADOS (SF) - sólo se puede pedir en incrementos de 1 pie de longitud Ancho x Largo
(total de cada pieza necesaria) | (WxL))

infill (el relleno) y el vendaje superior se mide por:

libras (Lbs) por pies cuadrados
Lbs x SF / # por bolsa = Total de bolsas

tejidos de subsuelo:

total SF + 10% (para superposición y bordes)

base compacta (curso agregado)1 pulgada:

base de 1 pulgada - SF total / 320 = CY

suministros de costura:

tejido de la costura = total de pies lineales (LF) de costuras
clavos de costura = LF x 8 / 25 = Lbs de
adhesivo de costura = LF * 2 a 3 oz

asegurando el perímetro exterior (cada 6 pulgadas)

total de SF / 2 = # de clavos (o grapas)* Total
de clavos / 25 = Lbs de clavos/grapas

* Usar grapas de yute de calibre grueso y de punta cuadrada para un borde enrollado.

Infill (Relleno) y Vestimenta superior
(Ver Capítulo 9 Páginas 9-13 a 9-15)

Medimos la cantidad de relleno a usar por cuántas libras por pie cuadrado aplicamos para los objetivos de rendimiento. El tamaño y el tipo de relleno afecta a la cantidad requerida (compruebe las especificaciones con su proveedor). Tendemos a elegir un relleno semi-redondo, de malla 16/30 recubierto de acrílico para nuestros proyectos, por lo que lo usamos para nuestros consejos de ejemplo de proyectos.

Los proyectos de césped y paisajes, las líneas de astillado y las líneas de tee se construyen utilizando estilos de altura de pila más largos; algunos, no todos tienen una capa de paja. La paja puede reducir la cantidad de relleno a usar; idealmente, quieres usar suficiente relleno para llenar hasta el 50% de la altura de la hoja; excepto para una línea de tee donde puedes querer llenar hasta el 60-70% de la altura del montón para ayudar al estilo de línea de tee a sostener una tee para el balón.

Los deportes, como los minigolf, la petanca, los bolos sobre hierba, el voleibol, se construyen a menudo con un estilo más corto y texturizado. Este estilo estará densamente empastado con hojas cortas y rizadas y necesitará ser "relleno" para proporcionar el tipo de respuesta de la pelota que se espera de la superficie.

para estimar infill (el relleno) por la bolsa:

total SF x Lb por pie cuadrado = total Lbs
total Lbs / bolsa de 50lb = total de bolsas

A continuación se sugieren las libras por pie cuadrado de los estilos comunes; el tamaño del grano de su material de relleno puede afectar al peso requerido; los tamaños de grano más pequeños requieren más material por pie cuadrado que el material más grande. Los estilos con paja o que son superficies deportivas con pila texturizada se benefician al usar tamaños de malla más pequeños (16/30). Los estilos de césped y césped de patio de recreo SIN ESO se benefician de un tamaño de grano o malla de relleno más grande (12/20).

- céspedes y paisajes que usan malla 16/30 (grano pequeño)

  > 1.75 - 2 pulgadas de pila con la paja
  > forma infill (de relleno) semi-redonda
  > 2.5 - 2.75 Lbs por SF
  >> 1.25 - 1.5 pulgadas de pila con la paja
  >> 1.75 - 2 libras por SF

- campos de golf, bochas, canchas

  > estilos texturizados 1/2 pulgada de altura de pila
  >> apósitos angulares de arena de sílice
  >> malla 16/30 (grano pequeño)
  >> 3 a 4 libras por SF

herramientas y equipos generales

herramientas de estimación

- Variety of Sizes of Measuring TapesVariedad de tamaños de cintas de medir Por lo menos una de 15' y una o más de 25' a 35' y una cinta flexible de 100', si es necesario
- Lápiz y borrador (Lápices de color opcionales)
- Calculadora u hoja de cálculo
- Regla de borde recto, Brújula
- Papel cuadriculado o formulario de diseño del sitio*
- Papel (o formulario de estimación*)

herramientas y equipo de trabajo
equipo de energía

- Cortador de césped u otro
- Cepillo de potencia
- Placa vibratoria compactadora o rodillo de paisaje (césped) lleno de agua
- Soplador de hojas

herramientas de mano

- Carretilla
- Esparcidor de gotas
- Pala de cabeza plana
- La pala
- Recogida a mano (Jardín)
- Palustre de mano
- Martillo
- ¼ Paleta de muescas (sólo para nosotros con métodos de adhesivo de costura)
- Manipulador de mano, bloque y mazo
- Rastrillo de paisaje de 36(+) pulgadas con
- borde plano
- Rastrillo de jardín duro
- Rastrillo de 18 pulgadas de relleno (de aseo)
- Escoba de tienda
- Cuchillas y cuchillas de utilidad de cambio rápido, tijeras de grado de construcción

herramientas de mano (continuación)

- Rastrillo de jardín duro
- Rastrillo de 18 pulgadas de relleno (de aseo)
- Escoba de tienda con cerdas sintéticas
- Cuchillos y cuchillas de cambio rápido
- Tijeras de grado de construcción

herramientas misceláneas

- Cintas de medición de varios tamaños
- Línea de Snap-Line y Tiza
- Marcado de pintura o tiza (opcional)
- Manguera de jardín
- Boquilla de manguera con ajuste de rociador
- Carpeta de alfombras (para mover fácilmente rollos pesados de césped artificial)

herramientas generales de aseo, equipo y suministros

- Rastrillo de aseo (relleno) Rastrillo (rastrillo de alfombras)
- Pulverizador a presión de jardín
- Desodorante de enzimas (cristal o líquido)
- Soplador de hojas
- Rastrillo de hojas de plástico
- Escoba de tienda con cerdas sintéticas
- Vinagre de sidra de manzana para las malas hierbas, savia, fruta descompuesta, gérmenes
- Manguera de jardín
- Boquilla de manguera con ajuste de rociador
- Bolsas de basura para desechar residuos

*Encuentra formularios en blanco en el Apéndice

este capítulo contiene:

capítulo 12
lista de tareas de trabajo, preparación del sitio y gestión de

usando adhesivo de contacto y tela para coser cortes en un proyecto de techo

plan para

- transporte y vertido de materiales excavados
- recogida/entrega de la base
- cortador de césped (opcional)
- compactador de placa vibratoria o rodillo lleno de agua
- recogida o entrega de rollos de telas de base y cortes de cesped artificial
- recogida o entrega de las bolsas de infill (relleno)

y recuerda ...

- ☐ clavos de perímetroy si es necesario
- ☐ suministros de costura
- ☐ grapas de borde enrollado
- ☐ roca, piedra, corteza
- ☐ suministros de sistemas de drenaje e irrigación

lista de tareas del trabajo basico

1. reunir las herramientas y el equipo

2. materiales de trabajo de escenario cerca del sitio

3. volver a medir el sitio para confirmar las especificaciones de diseño y establecer las marcas

4. sitio de preparación, drenaje, irrigación

   4.1 Excavar según las especificaciones de diseño (min. 3-4 pulgadas)
   4.2 Añadir/cambiar el drenaje - prueba
   4.3 Agregar/cambiar Irrigación, luces - prueba
   4.4 Arrastrar y tirar los escombros y limpiar el sitio

5. instalar la base

   5.1 Colocar los tejidos de la capa inferior
   5.2 Mover la base hacia adentro y la base de
   5.3 Compacto; limpiar los bordes; enrollar o clavar los bordes de la tela hacia abajo; terminar cualquier recorte

6. preparar e instalar el césped artificial

   6.1 Rollos precortados - quitar el orillo, según sea necesario y moverse en la primera pieza, desenrollar y fijar el tono (ángulo)
   6.2 Traer la segunda pieza y luego las piezas restantes, una a la vez, según el diseño - posicionar, según sea necesario, mantener el grano en una dirección
   6.3 Sellar una sección a la vez 6.4 Cortar o enrollar todos los bordes y clavar el borde perimetral exterior 6.5 Rastrilla y deshazte de las fibras sueltas
   6.6 Añadir rocas de corte más grandes la pluma a la altura final necesaria

7. Rellenar la superficie, los bordes y limpiar

   7.1 Rellenar y rastrillar uniformemente los materiales
   7.2 Completar cualquier área de relleno
   7.3 Enjuagar suavemente y limpiar el lugar

preparacion del sitio, estion y manejo de materiales

- reunir el equipo de alquiler
- cuánto excavar
- vertedero de contenedores
- cortador de césped vs picos y palas
- materiales de trabajo de escenario
- drenaje, irrigación, iluminación
- añade, modifica, repara
- sitio de re-medición y plan de revisión

¿cuál es el mejor plan para mover materiales dentro y fuera?

Es muy importante tener en cuenta el acceso al lugar de trabajo mientras se mueven y se ponen en escena las cosas.

Remover los materiales excavados para navegar con rollos pesados de 15 pies de largo de césped podría tomar algo de pensamiento. Considere dónde pondrá en escena (localizará) sus materiales a medida que son removidos durante la excavación y también entregados. Todo esto requiere un espacio temporal.

¿En un suburbio? Puede haber reglas a seguir para que los materiales sean entregados en la calle o almacenados en su entrada; compruebe las ordenanzas locales y planifique en consecuencia antes de empezar.

¿cuánto espacio para los materiales?

Recuerda que necesitas administrar los materiales excavados y entregados, usa lo siguiente para calcular el peso y el espacio que necesitarás para administrarlo todo.

cada yarda cúbica (CY) de suelo suelto puede pesar entre 1500 - 2000 libras y cubrirá 320 SF por 1 pulgada

ARRIBA: Muchas comunidades tienen proveedores de manejo de desechos de jardín que alquilan contenedores que pueden ser llenados con desechos orgánicos como tierra y césped. Las "cajas" son entregadas y retiradas por ti.

Otra opción es organizar un remolque y una camioneta para transportar la tierra y los desechos orgánicos después de la excavación.

antes y durante la preparación del sitio

- mantener el sitio seco antes de la excavación y durante todas las etapas de producción
  - el suelo y el césped húmedo pesan más causando aumentos en las tarifas de contenedores y verteder
- la hierba, el césped y las malas hierbas se pueden quitar manualmente o con un cortador de céspedos
- utiliza picos y palas de cabeza plana para eliminar todas las demás raíces y orgánicos y para nivelar el suelo nativo
- utiliza picos y palas de cabeza plana para eliminar todas las demás raíces y orgánicos y para nivelar el suelo nativo
- clip & removecortar y quitar las pequeñas raíces

Un área de 10' x 20' para colocar bolsas de relleno, rollos de césped y herramientas de almacenamiento

ABOVE: Stage your job materials, close to the site, where room allows. The last materials onto the job site should be the rolls of artificial grass (before use, keep them dry and free of debris).

We suggest you put tarps down under bagged materials of granulated infill so you can recover and use any spilled materials, easily. If your job takes a few days, cover the materials at night with a tarp to keep dry and free of debris, for best results.

¿cuánto material se excavará del sitio?

Una yarda cúbica (CY) de cualquier material ubrirá aproximadamente 320 pies cuadrados de superficie hasta una profundidad de una pulgada. Si estás excavando 3 pulgadas de tierra puedes estimar las yardas cúbicas usando lo siguiente:

- **Total SF / 320 (cada 1 pulgada) = Total CY**
- **Total SF / 108 (cada 3 pulgadas) = Total CY**

En las zonas residenciales y urbanas debe consultar la orientación de su HOA, ciudad o departamento de carreteras del condado en relación con las ordenanzas que rigen la entrega de materiales y dónde puede almacenarlos mientras se instalan. Un área de 10' x 20' para colocar bolsas de relleno, rollos de césped y herramientas de almacenamiento.

Cuando la base es entregada, puede ser arrojada en un camino de entrada o cerca de la acera en una calle residencial; si está en un entorno rural, simplemente haz que la entreguen lo más cerca posible de tu lugar de trabajo.

3 CY de AB (Base de Carreteras)

puesta en escena del relleno (infill) de la bolsa

Utilizamos lonas en los lugares de trabajo para proteger las superficies, especialmente debajo de las bolsas de relleno (infill). La lona atrapará cualquier derrame de materiales de relleno cuando vacíe las bolsas en el esparcidor de gotas. Es más fácil recuperar el derrame para utilizarlo. La lona se puede utilizar para cubrir los materiales de trabajo para mantenerlos secos y libres de escombros, si se almacenan durante la noche, al aire libre.

Un área de 10' x 20' es adecuada para la mayoría de los proyectos de menos de 500 pies cuadrados.

manejo de rollos de césped

15' x 25' = 375 SF
Approximately 265 Lbs
26" High
15' Long

Recoger materiales de un proveedor local o hacer que se envíen al lugar de trabajo hace una diferencia en el costo del flete, la mano de obra y el equipo necesarios para descargar y mover rollos de césped.

Los rollos de estilo popular tienen 15 pies de largo, con la longitud de los materiales enrollados en un tubo de cartón hueco llamado "núcleo". El núcleo ayuda a mantener el material enrollado rígido para un fácil manejo. Recoger materiales de un proveedor local o hacer que se envíen al lugar de trabajo hace una diferencia en el costo del flete, la mano de obra y el equipo necesarios para descargar y mover rollos de césped...

Los rollos pueden ser pesados, especialmente en exceso de 150 pies cuadrados. Ya sea que se envíen al lugar de trabajo o que usted los recoja, traiga suficiente mano de obra capaz de ayudar a descargar, cargar y mover el rollo o los rollos donde los necesite.

Un estilo típico de césped con un peso facial de 70 onzas y un peso total de 96 onzas por yarda cúbica será lo uficientemente pesado como para requerir de dos a tres personas para manejarlo si tiene más de 10 pies lineales de largo (15' x 10' = 150 SF) - moverlo dentro y fuera de los camiones para moverlo del lugar de entrega al lugar de trabajo requiere músculo.

Por supuesto que una carretilla elevadora con un palo de alfombra puede ser útil, sin embargo, herramientas como la carretilla de alfombras de 2 ruedas para profesionales (mostrada a la derecha)

Correas y un palo largo o un trozo de madera robusta; puede ayudar a mover los rollos, a mano, desde el camión de reparto hasta el lugar de trabajo, de forma segura. Vea las imágenes a continuación. La tabla se utiliza dentro del núcleo del rollo como una sujeción de mano.

calcular el peso total del rollo por yarda cúbica (CY)

el ejemplo es 15' x 25' = 375 SF con un peso total (TW) de 96 oz/SY

- 375 SF / 9 = 41,67 yardas cuadradas (SY)
- 41.67 SY * 96 oz (TW) = 4000 onzas
- 4000 oz / 16 oz/lb = 250 Lbs
- 250 libras + 15 libras (núcleo) = 265 libras de rollo

MOVERSE MANUALMENTE - Inserta un palo largo y resistente o 2x4 en el extremo del núcleo del rollo para levantar rollos

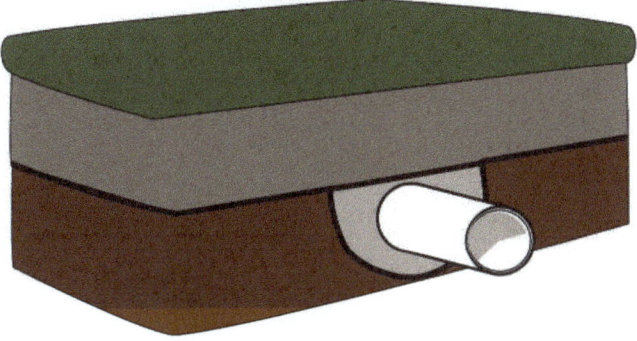

All drainage is below final grade

el desagüe francés o la tubería perforada y las rejillas de desagüe son ideale

los cisnes pueden canalizar la lluvia o la nieve derretida hacia rejas o alcantarillas

otras adiciones, reparaciones y modificaciones

Después de haber excavado, va a instalar, reparar o modificar cualquier elemento del subsuelo como el drenaje, la irrigación, el propano y los sistemas de iluminación. Recuerde probar todos los sistemas antes de los siguientes pasos!

Instalar luces de día en todos los desagües como aberturas de rejilla fuera del perímetro de la hierba artificial a lo largo de las tuberías de drenaje. Esto asegurará el acceso para el mantenimiento a largo plazo y la limpieza, si es necesario. Siempre construya de manera que se pueda acceder a todos los elementos subterráneos.

La permeabilidad estándar del césped artificial a menudo se encuentra con 30 pulgadas de agua "estancada" por hora, por yarda cuadrada; no con agua corriente. La percolación estará más cerca de las 8 pulgadas por hora después del relleno y de ser instalado sobre la sub-base y la tela.

la velocidad de drenaje de la hierba es la suma de todos los factores: las condiciones del suelo, la pendiente, el clima, junto con los índices de percolación de la hierba artificial, el relleno, los materiales de base y las telas.

Si estás construyendo encima de una placa dura (arcilla) que no drena bien - añade zanjas y un canal (francés) de drenaje bajo la capa de tela para ayudar a dirigir el drenaje. El césped artificial con un soporte perforado drenará a aproximadamente 30 pulgadas y hora, sin embargo, con 3 pulgadas de base de carretera y una tela de base porosa reducirá la percolación a aproximadamente 8 pulgadas por hora; el agua fluirá a los drenajes que esperan abajo.

Si tu proyecto se encuentra en una pendiente o estás construyendo en un cisne - puedes añadir sistemas de drenaje; incluyendo grandes rejas; bajo el césped artificial; a lo largo del camino del flujo más pesado para acomodar el clima extremo.

(ver Capítulo 10 - Drenaje como elemento de diseño)

este capítulo contiene:

- preparación del sitio
- control de roedores
- instalación de la tela
- instalación de la base
- césped nivelado
- césped coronado
- borde enrollado
- compactación

Imagen Copyright © 2001-2020 Costa

capítulo 13
tejidos e instalación basel

Lo ideal sería excavar el área del proyecto y limpiar todos los bordes; nivelando el suelo nativo, eliminando todos los materiales sueltos, raíces y otros materiales orgánicos.

añadir, reparar o modificar el drenaje, la irrigación y la electricidad antes de los tejidos

excavación y preparación del sitio

Aunque cada paso del proceso de instalación es importante, la forma en que preparas el sitio es crítica para su nivel final, la percolación y el aspecto. Usando picos y palas de cabeza plana la mayoría de las instalaciones pueden ser excavadas a mano, aunque un cortador de césped puede ser práctico. La clave es limpiar todos los elementos orgánicos, incluyendo los suelos modificados y las grandes raíces. (Ver IZQUIERDA)

Si se ha quitado un tocón de árbol o grandes arbustos, asegúrese de que se quiten también todos los cepellones y sistemas de raíces más grandes. Cualquier material orgánico que quede en el lugar se descompondrá con el tiempo y el nivel de la superficie se hundirá. Rellene y compacte los materiales en cualquier agujero grande para devolver el suelo nativo al nivel general.

También es fundamental eliminar las especies de hierba invasoras hasta las raíces; especies como las Bermudas y la hierba nuez pueden necesitar tratamiento; tratar los suelos antes de instalar las telas para ayudar a impedir que vuelvan a crecer, con el tiempo.

Si usas un cortador de césped para remover un césped existente, ajusta la profundidad del raspador a 3-4 pulgadas para asegurarte de que obtienes el sistema de raíces completo. También puede que necesites remover los suelos modificados que contienen orgánicos y si se dejan en su lugar, se descompondrán, causando que el nivel baje, con el tiempo.

Es posible que al renovar un césped existente, esté retirando de 3 a 5 pulgadas de materiales del área del proyecto antes de llegar al suelo nativo. Planifique cómo va a transportar y tirar los materiales. Tal vez desee alquilar un contenedor de basura de su servicio de basura local para retirar los escombros. También puede retirar los materiales y llevarlos al relleno sanitario local. Los materiales secos son siempre más ligeros que los escombros húmedos, así que mantenga el área seca hasta que pueda comenzar a excavar y transportar.

el nivel de base afecta el aspecto final de su proyecto

revelar está a la altura del grado de dificultad del paisaje

revelan que está por encima del grado de dificultad

Nivel compactado 1½ pulgadas por debajo del grado

Nivel de compactación1/2 pulgadas por debajo del nivel

La altura de la base compactada es importante para el aspecto final de la hierba.
Determine lo que será apropiado para el aspecto que está tratando de lograr. No menos de
½ pulgadas de profundidad por debajo de cualquier borde duro - dejando aproximadamente
1 pulgada de hoja para mostrar (revelar) es un aspecto final agradable. (0,5 de altura basado
en el uso de una altura de pila de 1,5 pulgadas)

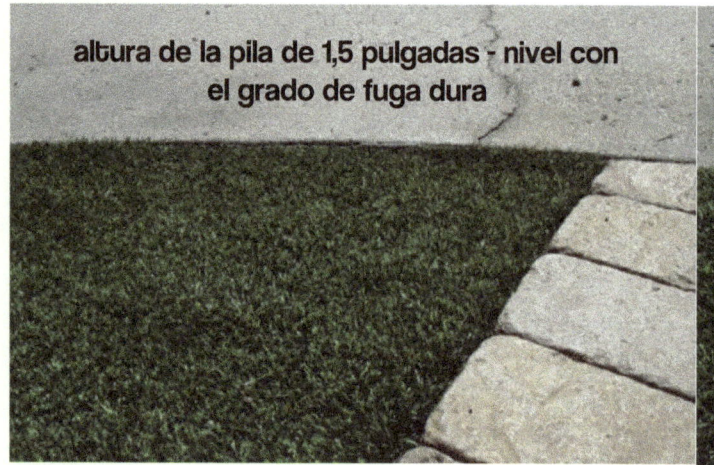

altura de la pila de 1,5 pulgadas - nivel con el grado de fuga dura

altura de la pila de 1,5 pulgadas - muestra aproximadamente 1 pulgada sobre el escape duro

NIVELADO CON EL BORDE DURO.
La altura de la pila de este estilo es de 1 ½ pulgadas - con la base puesta a 1 ½ pulgadas, también, el césped se ve corto.

1 PULGADA REVELAN SOBRE EL BORDE DURO. Usar más base permite que 1 pulgada de la hoja se muestre sobre el borde duro, luciendo exuberante.

altura de la pila de 1 1/2 pulgadas
La base está puesta 1
pulgada más abajo que
el grado de hardscape.
La hoja del césped revela
aproximadamente ½
pulgadas o menos

altura de la pila de 1 1/2 pulgadas
La base está fijada en ½
pulgadas más baja que el
grado de dureza del paisaje.
La hoja del césped revela
aproximadamente 1 pulgada o más

césped nivelado

para lograr un aspecto de césped nivelado - excavar un mínimo de 3 pulgadas y reemplazar con hasta 2,5 pulgadas de base si se utiliza un estilo con una pila de 1 ¾ "

base instalada a pulgada por debajo del grado y nivelada

césped coronado

para lograr un aspecto de césped coronado - excavar un mínimo de 3 pulgadas y reemplazar con hasta 3,5 pulgadas de base si se utiliza un estilo con una pila de 1 ¾ "

base instalada a ½ pulgada por debajo del nivel del suelo sólo en los bordes, el resto de la base está coronada y compactada

barrera para roedores

¿Tienes bichos? ¡Los lunares, las topos, los ratones de campo, incluso algunas serpientes, arañas y lagartijas se enterrarán en los suelos del jardín, bajo el césped natural y, si se construyen sin previsión, bajo su nueva área de césped artificial!

Tome una lección de un profesional e instale una "barrera para roedores", nuestra sugerencia no solo es duradera, debe durar más de 20 años debajo de las superficies; Los productos son seguros y humanos. Simplemente está utilizando materiales, debajo de las superficies de su césped artificial, para construir una barrera.

Paso 1 - Mida el área para materiales

Tome la longitud más larga y el ancho más ancho, medidos en PIES LINEALES y luego MÚLTIPLESELOS, juntos, y tendrá su total de pies cuadrados requeridos.

Recuerde proporcionar una superposición de 6 pulgadas (mínimo) para TODAS LAS COSTURAS, dentro del perímetro del área de instalación.

¿Cuánta tela necesito?

Ancho x Largo = SF total

¡Sin atajos! Necesitará materiales adecuados para SUPERPONER LAS COSTURAS de tela y PARA SUBIR LAS PAREDES LATERALES del área excavada ... Debe agregar un mínimo de un pie, por lado, a su medida, para acomodar esta cobertura.

PASO 2 - Prepare los bordes de la base

Elimine todos los materiales sobrantes de los bordes de su área. Desea que el suelo limpio y compactado comience.

PASO 3: coloque la malla de malla y asegure

El calibre de ¼ a ½ pulgada es lo mejor: más pequeño es el bicho, más pequeño es el calibre. - esto impedirá que los roedores entren, ya que no les gusta la sensación del cable y no pueden pasar por las aberturas. Empaque los materiales firmemente en el piso de la instalación y suba todos los bordes duros, permitiendo más de 6 pulgadas en cualquier borde que "ruede".

Use las U-Uñas (grapas de "yute") para pegar los materiales en su lugar; una vez que los materiales base se colocan encima, permanecerá donde se coloca, NO DEJE LAS ARRUGAS

PASO 4 - Instale el tejido BAJO LA CAPA en la parte superior;
terminar con al menos 4 pulgadas de base compacta compacta

Comienza con el área del sitio debidamente excavada y preparada y con los bordes despejados

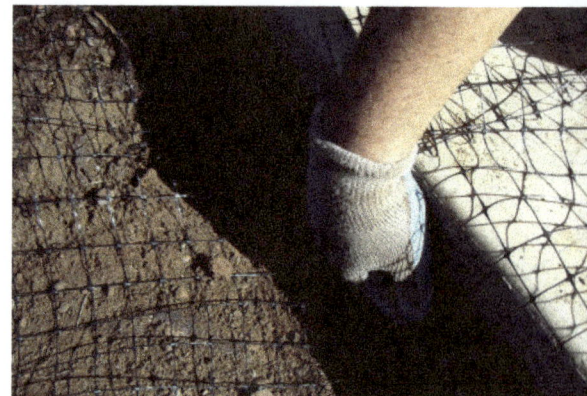

Coloca una doble capa de red para pájaros de calibre ¼ a través del área, en la pared lateral de todos los bordes duros, y asegúrala con grapas de yute a lo largo de los bordes y las esquinas.

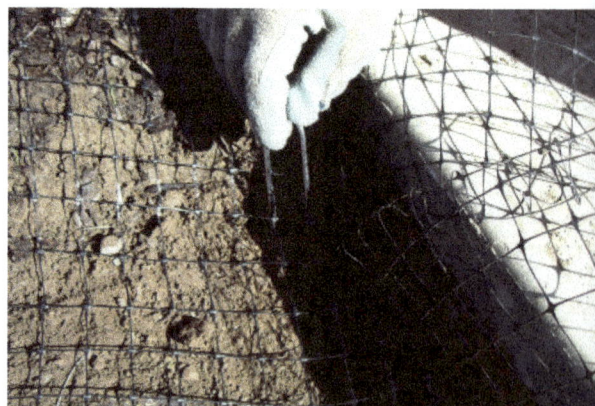

Coloca una doble capa de red para pájaros de calibre ¼ a través del área, en la pared lateral de todos los bordes duros, y asegúrala con grapas de yute a lo largo de los bordes y las esquinas.

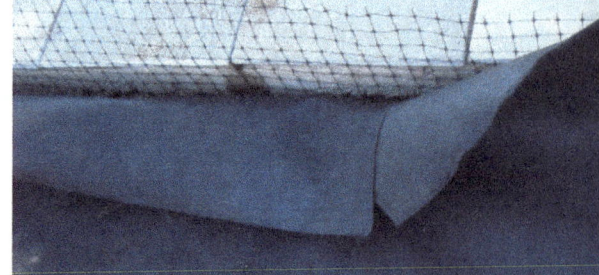

sin tejidos - instaladas correctamente, los suelos, hormigas, gusanos y malezas invadirán los bordes de su proyecto, con el tiempo

Imagen Copyright © 2001-2020 Costa

instalar los tejidos

Después de la excavación, limpiar el lugar de trabajo de todos los suelos y materiales orgánicos. Prueba tu sistema de irrigación para asegurarte de que no hay fugas. Asegúrate de limpiar todos los bordes de los materiales adicionales; especialmente en los "bordes duros". Para obtener mejores resultados, despeja los bordes duros y deja un ángulo de 90 grados limpio de escombros.

el tejido de bajo nivel (barrera contra la maleza) aumenta la estabilidad e integridad de su proyecto.

actúa como una barrera física para mantener a raya a las malas hierbas, insectos y roedores invasores.

El tejido de bajo nivel (barrera contra la maleza) aumenta la estabilidad e integridad de su proyecto. actúa como una barrera física para mantener a raya a las malas hierbas, insectos y roedores invasores.

En la mayoría de los proyectos, las telas se instalan antes del relleno, como la corteza o la deco-roca. Para obtener mejores resultados, incorpore la tela debajo de las áreas de corteza, deco-roca, también.

instalando tejidos

Usando un tejido permeable (poroso), comience en el punto más bajo, y aumente cualquier pendiente, incluso si es "menor". A medida que trabaje en el sitio, si necesita más de una sola pieza, superponga cada segmento de tela de 3 a 6 pulgadas; asegure la superposición con una grapa de yute. Deje de 4 a 6 pulgadas de tela adicional para que sobresalgan todos los bordes duros. Doblarás esta espalda sobre la base compactada, para terminar.

tela extra en todos los bordes

Alisa los tejidos en la pared de todos los bordes duros y usa una grapa de yute o un clavo para fijarlo, al suelo, para sujetar el tejido firmemente contra el borde de 90 grados.

Doblarás los materiales extra para cubrir el borde duro después de haber instalado los materiales de base. Después de compactar la base, y apisonar el borde, volteará la tela extra sobre la parte superior de la base compactada y terminada.

Una vez que se añade la superficie del césped y se aseguran sus bordes, cerrará el "sistema" inhibiendo el crecimiento de las malas hierbas, la infestación de insectos y otras plagas invasoras, como los topos

base de selección

Cada proyecto presenta diferentes desafíos y la determinación del tipo de base y el índice de compactación para su uso se basa típicamente en las condiciones nativas del suelo y en lo bien que se compacta y drena.

compactación

Para los típicos agregados compactables; como el sugerido ¾ menos (AB o base de carreteras); se quiere lograr aproximadamente un 85-90% de compactación.

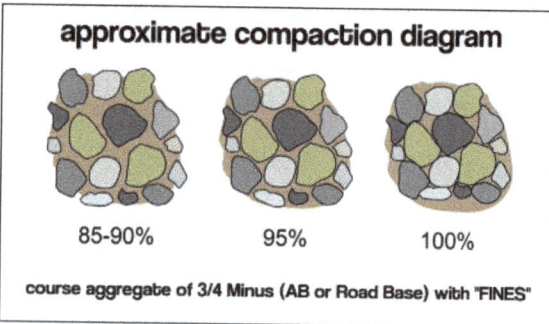

approximate compaction diagram

85-90%   95%   100%

course aggregate of 3/4 Minus (AB or Road Base) with "FINES"

Demasiada compactación y reducirá la permeabilidad; reduciendo el drenaje. Demasiada poca compactación y verás surcos y abolladuras en las superficies finales de las cargas de peso; muebles, incluso tráfico peatonal. Queremos seleccionar materiales que permitan el drenaje vertical y que mantengan su forma incluso bajo condiciones climáticas extremas y cargas de peso.

La compactación debe hacerse en "levantamientos" de 3-4 pulgadas, en otras palabras, a medida que se colocan por lo menos 3-4 pulgadas de base y se la pluma a lo largo del sitio, de manera uniforme, compactándola antes de agregar más base; especialmente si se está levantando el nivel final por 5 pulgadas o más.

el curso agregado es ideal

Una gran opción; ampliamente disponible porque se utiliza en la construcción de carreteras es la nueva y recién triturada "base de la carretera" que está esencialmente compuesta de ¾ pulgadas y rocas más pequeñas mezcladas con materiales cada vez más pequeños llamados "polvo de trituración" o "finos". Las rocas de ¾ pulgadas y el polvo de trituración (finos) son fáciles de esparcir (plumas) y pueden utilizarse en "elevaciones" de 3 a 4 pulgadas. Se compacta fácilmente usando un rodillo lleno de agua o un compactador de placa vibratoria, pero sigue siendo poroso y drena bien a diferencia de los materiales triturados más finos como el DG (granito descompuesto) que se compactará densamente.

road base (3/4-) (red) after 85% compaction

loose road base (grey)

DG (golden decomposed granite)

instalar la base

Puede hacer que le entreguen o recojan sus materiales base; utilice un vehículo apropiado (1 yarda cúbica (CY) de material base puede pesar 2+ toneladas). Ponga su material en un lugar conveniente y seguro para facilitar el acceso a la madriguera de las ruedas. Si está en una calle pública, asegúrese de usar conos de seguridad u otros marcadores; siga todas las ordenanzas locales.

añadir la base al sitio del proyecto de atrás hacia adelante

Mueve los materiales de base al sitio del proyecto y vierte la primera carga completa en el punto más lejano para el plan del proyecto. Quiere un mínimo de 3 pulgadas de base; en algunos casos puede necesitar 4 o más pulgadas. (Vea los consejos de la página anterior)

En las laderas, comienza la primera carga en el borde más lejano y desde el fondo de la ladera; luego sube la ladera, con seguridad.

Trae varias cargas más y colócalas una al lado de la otra.Debe tener suficiente material para extenderlo hasta el nivel 3' x 3' de ancho y 3" o más.

pilas de plumas para establecer el nivel

Usando un toque ligero y el borde plano de un rastrillo de paisaje (o un rastrillo de jardín duro) - se extienden las pilas juntas alisando los materiales de la superficie. Tenga cuidado de no separar las rocas de los finos - no compacte o ruede sobre la base hasta que haya terminado de agregar y emplumar toda la base en el área del proyecto.

compactar los materiales de la superficie

Cuando estés satisfecho con el nivel y la cobertura de los materiales de base, utiliza una boquilla de pulverización y una manguera de agua para pulverizar ligeramente las superficies. Resuelva los surcos o golpes antes de la compactación. Utilice el borde plano del rastrillo y páselo por encima de las crestas o jorobas, y el rastrillo se afloja para aflojar los grandes surcos y la base de plumas.

Puedes compactar la base usando un rodillo de paisaje lleno de agua, un compactador de placa vibratoria a gas o un pisón manual.

establecer el nivel de base entre el 25% y el 30% de la altura de la pila, un mínimo de ½ pulgadas desde el nivel del borde duro

siga los pasos de "nivelar el césped" cuando instale entre losas o piedras de patio

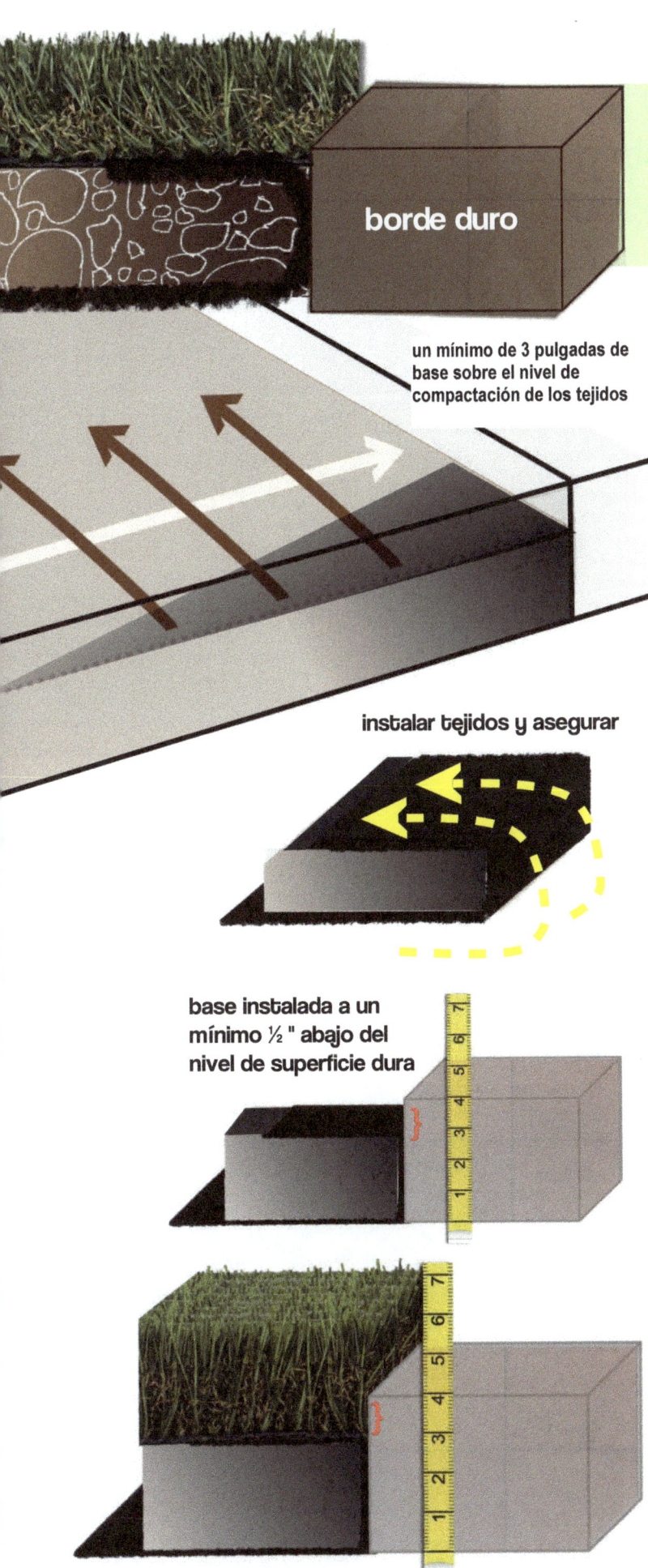

borde duro

un mínimo de 3 pulgadas de base sobre el nivel de compactación de los tejidos

instalar tejidos y asegurar

base instalada a un mínimo ½ " abajo del nivel de superficie dura

consejos de nivelación del césped
expandir las áreas de vivienda!

El grado de nivel es ideal para las áreas que se utilizan para el juego y el entretenimiento prolongado; ideal para mesas y sillas y justo al lado de los pasillos, patios o cubiertas para añadir más espacio habitable. El borde exterior de un césped nivelado puede detenerse en los bordes duros o pueden rodarse y rellenarse con corteza, roca o jardines. Comúnmente rodamos* un borde alrededor de un anillo de árbol en lugar de instalar un tablero de doblar, solo.
Después de completar la preparación completa del sitio - completar la instalación de telas de bajo relieve sobre el suelo nativo. Proporcione suficiente extramaterial para extenderse por la pared lateral de cualquier borde duro o extenderse por lo menos 6 pulgadas más allá de cualquier borde que pretenda "rodar"

*(Ver página 13-15 para más detalles sobre el borde enrollado)

Los céspedes nivelados son excelentes para ampliar el espacio de vida y de juego; ideal para una terraza, un patio o una piscina

Añade la base transportándola con una carretilla hasta el punto más lejano de tu instalación. Creando montones y juntándolos a una profundidad de no menos de 3 pulgadas de altura. Compacto y nivelado. Despejar y apisonar los bordes o enrollar, como el diseño lo requiere.

grado final

En cualquier borde duro, quieres al menos una profundidad de ½ pulgadas desde la parte superior del borde duro hasta la parte superior de la base compactada y el tejido.

Si la altura de tu pila es de 1.5 pulgadas de alto, instala la base a menos de ½ pulgadas de cualquier nivel fijo de borde duro. Después de la instalación, la altura de su pila debe revelar por lo menos 1 a 1¼ pulgadas de altura de la hoja sobre el borde

base instalada de ½ a 1 pulgada por debajo del nivel final en los bordes duros - la base restante está emplumada, inclinada, formada y compactada

corona extrema - desde el césped plano de la corteza de roca empedrada

corona extrema - fuera del camino de entrada con un borde colector de drenaje en el borde

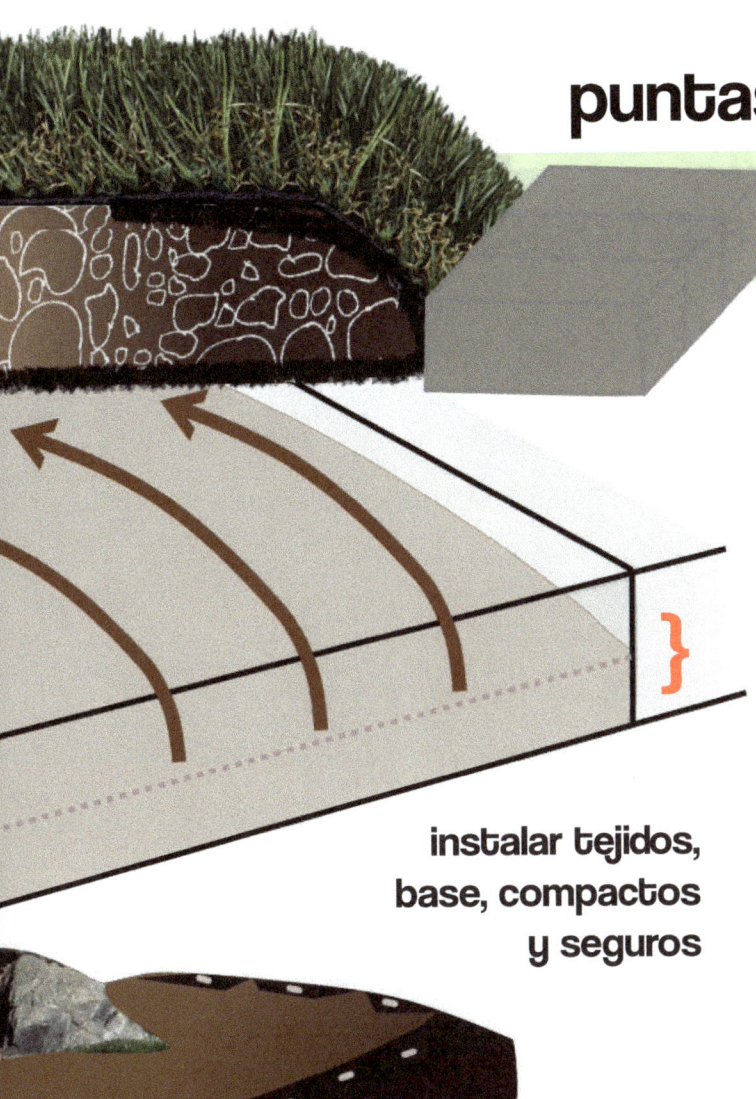

instalar tejidos,
base, compactos
y seguros

apisonar a mano para compactar la
base en el borde, para que el mínimo de ½
baje 1" del nivel final debajo, usa una tabla de
madera o un rastrillo de paisaje para elevar la
base restante, lejos del borde, hasta que coincida
con la base y la altura deseada para el resto del
diseño. un rodillo de jardín lleno de agua es ideal
para compactaráreas más pequeñas

puntas de césped coronadas

¡Estupendo para los jardines delanteros!

Después de haber instalado los tejidos, empiece a cargar sus materiales de base en el sitio comenzando con los montones hacia la parte posterior de la instalación. Levante la base a la altura deseada, alisando la superficie con un rastrillo de jardinería antes de apisonar la base a mano para compactarla. Para los bordes, quieres establecer el nivel de compactación final al menos ½ pulgadas por debajo de la calificación final de todos los "bordes duros". Para controlar

la compactación, use una herramienta manual, como un bloque de madera y un mazo o un pisón manual de 8 a 10 pulgadas, para dar forma y apisonar a mano (compactar) todos los bordes. Para eliminar cualquier material suelto, utilice una escoba o cepillo suave para eliminar cualquier base extra; asegúrese de dejar un borde limpio y claro.

los céspedes coronados se usan mejor en paisajes decorativos, en los céspedes frontales para revelar una mayor altura

Las imágenes de ejemplo, a la izquierda, muestran céspedes coronados que se utilizan para proporcionar un césped verde y exuberante entre calles, aceras y caminos de entrada y jardines. La altura de la base añadida ayuda a crear una ilusión del aspecto de un césped maduro.

Aunque la preparación básica del sitio es a menudo exactamente lo mismo que un césped nivelado, usted quiere planear una adición de 1-2 pulgadas de altura para la base estimada para alcanzar el nivel final para el 95% del total de pies cuadrados que está cubriendo.

La corona también podría servir como un swale para ayudar a canalizar la lluvia y la nieve que se derrite en las laderas contra los caminos de entrada. Tenga en cuenta que el uso como un swale puede crear el mantenimiento después de una tormenta y la necesidad de rellenar cualquier relleno arrastrado por una tormenta. Considere la posibilidad de añadir un gran adoquín en el borde de un camino de entrada, en una pendiente, para reducir el mantenimiento.

siguiendo el flujo natural del sitio, el césped
ha sido coronado y los bordes se enrollan
4 pulgadas en los bordes a un máximo de
6 pulgadas de la base

puntas de borde enrollado
3 pasos fáciles

reemplazar el tablero de curvatura con un borde enrollado flexible y seguro

Dale forma a la base para que se adapte a tu diseño y compacta cuidadosamente el borde apisonando con un punzón de mano o un mazo y un pequeño bloque de madera.

Debido a las curvas involucradas, al tirar del borde de la tela, sobre la base, necesitará cortar el "relieve" en las telas para enrollarlo suavemente arriba y sobre la mayoría de los bordes; y luego asegurarlo, con grapas justas - cada 4 a 6 pulgadas

1 la base de la forma

Darle forma y compactar el área general para la base general de su proyecto hasta el diseño final deseado.

Los tejidos deben extenderse hasta 6 pulgadas o más, pastilando el borde de la base; permitiendo que suficiente material se levante y sobre el borde

3 a 4 en

2 cortar el "alivio" y rodar

Cortar el "relieve" en la tela para permitir pliegues suaves, simplemente cortando la tela, Hacia la base - en las esquinas; si es necesario, cortar una cuña de tela para asegurar un ajuste suave.

3 borde cerrado y seguro

Construye tu borde en una forma redondeada de "nariz de toro" tirando de las telas hacia arriba y alisándolas sobre la base compactada, Las telas deben ser aseguradas cada 4 a pulgadas.

Mínimo de 3 a 4 pulgadas de altura de la base

Las curvas y los rincones pueden ser complicados y lleva tiempo perfeccionarlos. Los tejidos se pueden tirar hacia arriba y sobre las curvas con la ayuda de cortes de "relieve" en los tejidos, para permitir que el tejido "abrace" el rollo y luego se coloque sobre la base superior.

Quita el exceso de tejido y alisa la base.

Asegura el tejido - cada 4 a 6 pulgadas y en cada "esquina" o junta.

Tengan cuidado de no dejar mellas en las telas que aseguran a la base.

El césped artificial se esconderá y protegerá el borde.

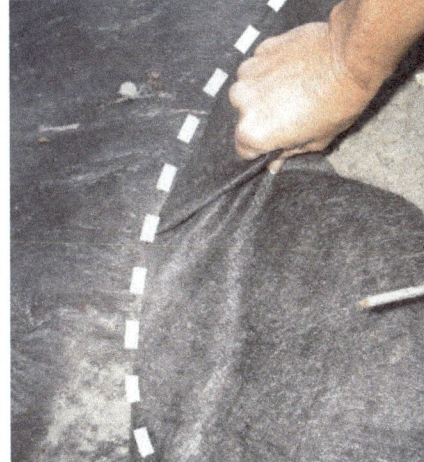

los tejidos no tejidos proporcionan los mejores resultados para los bordes enrollados.

tratar una tabla de bender, madera o metal como si fuera un "borde duro" - rellenar y compactar la base a ½ a 1 pulgada de revelar en el borde interior de la tabla

proporcionan estabilidad horizontal adicional al borde de la tabla con un relleno de adoquín u otra roca deco

2" x 6" borde de poly-board usando estacas de poly-board, cada 6 a 12 pulgadas con estacas de poly-board de refuerzo en todas las esquinas de 90 grados

las estacas se aseguran con 2 o 3 tornillos galvanizados

tabla de curvatura, bordes de madera y metal

Los bordes de madera, metal u otro tipo de madera son fáciles de usar con el césped artificial - son opciones de material que pueden ser perfectas para ciertos diseños, sin embargo, como se muestra en las páginas anteriores, no son necesarias y pueden tener algunos puntos de fallo que hay que tener en cuenta.

- tablero de polietileno flexible de 2 x 4 a 6 pulgadas
- estacas de poliéster o metal cada 6 a 12 pulgadas
- ajustar la altura de la base, según sea necesario, para lograr los objetivos del diseño
- considerar la posibilidad de añadir relleno para estabilizar

materiales de trabajo ideales

- tablas de 2 pulgadas de ancho x 4 a 6 pulgadas de alto
- se recomienda encarecidamente el uso de materiales flexibles de tablero de poliéster apaisado
- utiliza estacas, cada 6 a 12 pulgadas, para asegurar y estabilizar el material del borde
- se prefieren las estacas de polietileno o de metal con tornillos galvanizados
- usar los bordes de la madera con precaución; el punto de falla es la putrefacción de la madera debido a la humedad, roedores e insectos invasivos (termitas)
- la madera sensible a la presión tratada químicamente y las ataduras RR pueden lixiviar los peligros*
- tablero de polietileno flexible de 2 x 4 a 6 pulgadas
- estacas de poliéster o metal cada 6 a 12 pulgadas
- ajustar la altura de la base, según sea necesario, para lograr los objetivos del diseño considerar la posibilidad de añadir relleno para estabilizar
- el fallo de un borde de flexión es común en las articulaciones

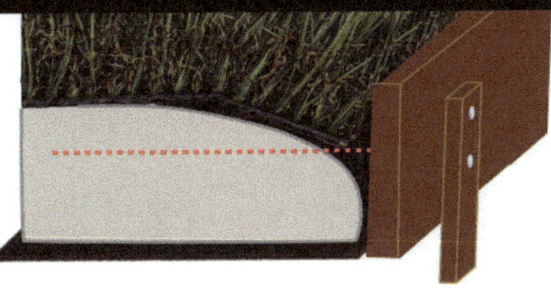

el fallo de un borde de flexión es común en las articulaciones.

añade un refuerzo en cada articulación a lo largo del borde exterior.

Cuando se utiliza un borde de tabla, el aspecto importante a tener en cuenta es el uso de la zona y el clima al que el paisaje estará expuesto durante todas las estaciones. La humedad y los cambios climáticos extremos son severos en este tipo de recorte. Para obtener mejores resultados, la tabla de bender debe tener un mínimo de 2 pulgadas de grosor y de 4 a 6 pulgadas de altura. Coloca las estacas verticales atornillándolas en el borde de la tabla cada 6 a 12 pulgadas. Refuerce cada unión para reducir el fracaso.

*En California, según la Propuesta 65 y otros códigos de construcción, las maderas tratadas a presión no pueden ser utilizadas sin previo aviso debido a la lixiviación de productos químicos, nunca donde los materiales estarán expuestos a los ancianos y/o niños: guarderías, iglesias, parques, patios de juego.

*En California, según la Propuesta 65 y otros códigos de construcción, las maderas tratadas a presión no pueden ser utilizadas sin previo aviso debido a la lixiviación de productos químicos, nunca donde los materiales estarán expuestos a los ancianos y/o niños: guarderías, iglesias, parques, patios de juego los peldaños y los materiales de las baldosas deben ser instalados sobre las telas y dentro de la altura apropiada de la base para dejar ½ a 1 pulgada de revelado en el borde de las piedras

los peldaños y los materiales de las baldosas deben ser instalados sobre las telas y dentro de la altura apropiada de la base para dejar ½ a 1 pulgada de revelado en el borde de las piedras

obre las telas, la arena puede ser usada para nivelar las piedras. rellenar con base y apisonar a mano para compactar

instalación completa de la base y apisonar a mano los bordes de la piedra; dejar en least½ a 1 pulgada revelar en los bordes exteriores

instalar el césped artificial a través de la parte superior de las piedras de juego localizar el centro de cada piedra y hacer un pequeño agujero trabajando con una cuchilla afilada lentamente hacer cortes desde el centro a los bordes de la piedra y eliminar el exceso de corte

pisando y las piedras (azules) de la bandera

El escalón o la losa ideal tendrá de 3 a 4 pulgadas de grosor para ser lo suficientemente resistente para soportar el tipo y la cantidad de tráfico y el peso que necesita para soportar durante su vida.

La arenisca es una superficie de roca demasiado blanda y tiende a desportillarse y romperse debido al desgaste. Reemplazar una laja rota de forma extraña puede ser un desafío, por lo que nos inclinamos por usar materiales de piedra "azul" como pizarras y otros basaltos (como en la imagen del extremo izquierdo).

El ladrillo y el cemento (vertido en el lugar) también son opciones inteligentes para incorporar en su diseño.

acomodar la altura de sus piedras y la profundidad de su excavación en su plan de preparación del sitio

Coloca las piedras sobre la capa de tela; usa finos de base o arena para nivelar cada una, según sea necesario.

Traemos los materiales de base y los emplumamos alrededor de las piedras, primero, para asegurarnos de que se mantengan en su lugar mientras completamos la instalación de la base y luego la compactamos. Usamos un apisonador de mano alrededor de las piedras para compactar la base firmemente en sus lados, colocando la base aproximadamente ½" abajo. Una vez que esté satisfecho con su instalación de base, puede entonces completar las instalaciones de césped artificial sobre las piedras; éstas quedarán ocultas a la vista hasta que haya completado su instalación de césped artificial por completo (IZQUIERDA).

Para revelar las piedras - localice los bordes de las piedras y muévase al centro de la piedra y haga un pequeño corte para marcar; luego lentamente, usando una hoja de cuchillo afilada, continúe cortando desde el centro hasta los bordes exteriores de cada piedra para revelarlos, de borde a borde. Recortar el césped fuertemente alrededor de las piedras para un bello aspecto para las piedras de formas extrañas

base de compactación

- gota a gota y pluma en todo el material de la parte trasera a la delantera de su instalación
- cuando termines de añadir y empañar la base rocíe ligeramente la superficie
- no camine o corra carretillas sobre la base mientras está agregando y emplumando en
- camina el compactador uniforme y entamente sobre la superficie desde el borde
- exterior al centro y de nuevo al principio
- trabaja con cualquier escalón, surco o cresta con la parte trasera de un rastrillo de paisaje
- compacta y terminar de alisar los bordes exteriores con selladores de mano y herramientas
- cuando los bordes están puestos, dobla las telas y asegúralas

Después de emplumar en cada pila de base para que las superficies sean lisas y distribuidas uniformemente, tome una boquilla y una manguera de aspersión y añada una ligera neblina a la superficie que ayude durante la compactación. Asegúrate de que no haya huellas, surcos o golpes en la superficie - debe estar lista para compactarla y fijarla para siempre.

comienza la compactación desde los bordes exteriores hacia la línea central, lenta y uniformemente

Es más fácil empezar a compactar en un borde exterior caminando el compactador en un patrón establecido. Luego desde el centro trabajar hacia afuera y de nuevo, si es necesario. Rastrille los baches y el apisonamiento

compactador de placa vibratoria

rodillo lleno de agua

ARRIBA | Para grandes proyectos un compactador de placas a gas es ideal y también puede compactar usando un rodillo lleno de agua. Rocíe suavemente si la base está seca

ABAJO | Camine lentamente el compactador desde los bordes exteriores hasta el centro. Suaviza todas las crestas y buzamientos creados durante la compactación con un rastrillo y una rampa

bloque de madera y mazo

manipulación manual

ARRIBA | Apisonamiento manual y bordes claros de base extra suelta alrededor del perímetro. Fijar la altura de la base por debajo del borde a por lo menos ½ pulgadas

ABAJO | Una vez que los bordes se limpian de cualquier material suelto, doblar la tela sobre los bordes; cortar en rajas de relieve, según sea necesario, alrededor de las curvas y esquinas y asegurar con clavos o grapas

base terminada
1. compactado y liso
2. tejidos enrollados y asegurados
3. todas las superficies limpias y secas

la base ha sido compactada y es ½ pulgadas por debajo del nivel de la piedra del patio en este borde duro

la tabla de juerga existente de 6 pulgadas de altura se dejó en su lugar como barrera antiraíz.

sin superponerse a tu camino, lentamente. Haz al menos dos viajes sobre la base con tu compactador (3 o más con un rodillo paisajista lleno de agua).

Trabaja sobre cualquier ondulación o protuberancia en la superficie - puede que necesites usar el rastrillo de paisaje y desbastar la superficie y compactarla de nuevo hasta que consigas una línea suave.

apisonar y limpiar los bordes

Usa una herramienta manual, como un bloque de madera y un mazo o un tamper de mano de 8 a 10 pulgadas, para compactar todos los bordes. Para eliminar cualquier material suelto, use una escoba o cepillo suave para eliminar cualquier base extra; asegúrese de dejar un borde limpio y claro.

para todos los bordes, doble las telas sobre la parte superior de la base y asegure

La última tarea será doblar la tela extra sobre los materiales de base. Es posible que tenga que cortar en "relieve" alrededor de las curvas y esquinas para colocar las telas suavemente sobre la base compactada.

- este borde de tela ayuda a asegurar los clavos del perímetro en su lugar y a reducir los problemas con las malas hierbas, los gusanos y la infestación de hormigas

- el suelo y otros materiales se acumulan en los bordes duros cuando las superficies se lavan o se soplan y las telas ayudan con el aseo a largo plazo

- al envolver la tela de nuevo sobre el borde de la base compactada, cubre y protege la base, con el tiempo, dela acumulación de suelo o la erosión en los bordes de la escorrentía de la lluvia y el agua utilizada para enjuagar los patios y pasillos

este capítulo contiene:

- preparando la hierba
- material de manipulación
- poniendo la hierba
- costuras
- borde y recorte

usando una herramienta "cortadora superior" quitamos el borde extra de orillo del césped artificial cortado (ambos bordes)

(debido a la fabricación, a menudo también quitamos las primeras filas de mechones)

capítulo 14
preparar e instalar césped artificial

proyecto ejemplo

nivel, césped del patio trasero; bordes duros

Los patios traseros son una extensión del espacio vital. Típico de muchos patios traseros, este proyecto de ejemplo va a ser utilizado como un espacio familiar ampliado para actividades de ocio y entretenimiento; el objetivo es tener una superficie plana y bien drenada. El grado y nivel final ha sido determinado por la altura del patio de cemento coloreado y estampado y el bordillo perimetral. Hay 3 rejillas de drenaje y un sistema flexible de tuberías de drenaje de 3 pulgadas instalado a través del centro que se une a los agujeros de desagüe que la luz del día fuera de los jardines y la línea de la valla.

siga el patrón* creado para este proyecto (derecha) como una guía de cómo poner en escena los materiales y construir este típico proyecto de césped grande

*Refiere al capítulo 11, página 11-7, para consejos de diseño de patrones

este proyecto requiere 5 piezas, que obtenemos de 4 rollos/cortes.

A 15' W x 23' L

B 15' W x 23' L

C 15' W x 21' L

Pieces D & E are from a master roll - 15' W x 15' L

D 7' W x 15' L

E 7' W x 15' L

Nuestro patrón identifica cada pieza por letra.

instalando césped artificial

example project general steps

- instalar durante el tiempo seco; temperatura de 65(F)+
- marcan el exterior de cada identificación de corte (número o letra)
- presenta cada corte completo más grande en su lugar en el sitio
- desplegar los materiales, mantener el césped liso hasta la base
- vas a cortar/rodar primero, ajustar para las arrugas y luego no caminar sobre él (caminar puede mover el césped)
- ir a la siguiente pieza, moverla cerca de la primera -suficiente para hacer pequeños ajustes para establecer su costura
- preparar cada borde del césped para las costuras en línea quitando el orillo como se muestra en las siguientes páginas
- continuar con la disposición de los trozos de hierba más grandes y alinearlos, uno al lado del otro. ajustar la alineación y el espaciado, según sea necesario para cada trozo y costura
- después de que todas las costuras de las piezas más grandes se completen; cortar, preparar y coser las piezas más pequeñas sacadas del "rollo maestro"
- una vez que TODAS las costuras estén terminadas, entonces vaya al borde exterior y recorte el exceso.
- nunca corte más allá de ¼ pulgadas de cualquier borde duro. este hueco permite un espacio entre el borde duro y el borde del césped para que las superficies de hierba "floten" dentro del borde duro evitando arrugas o hebillas

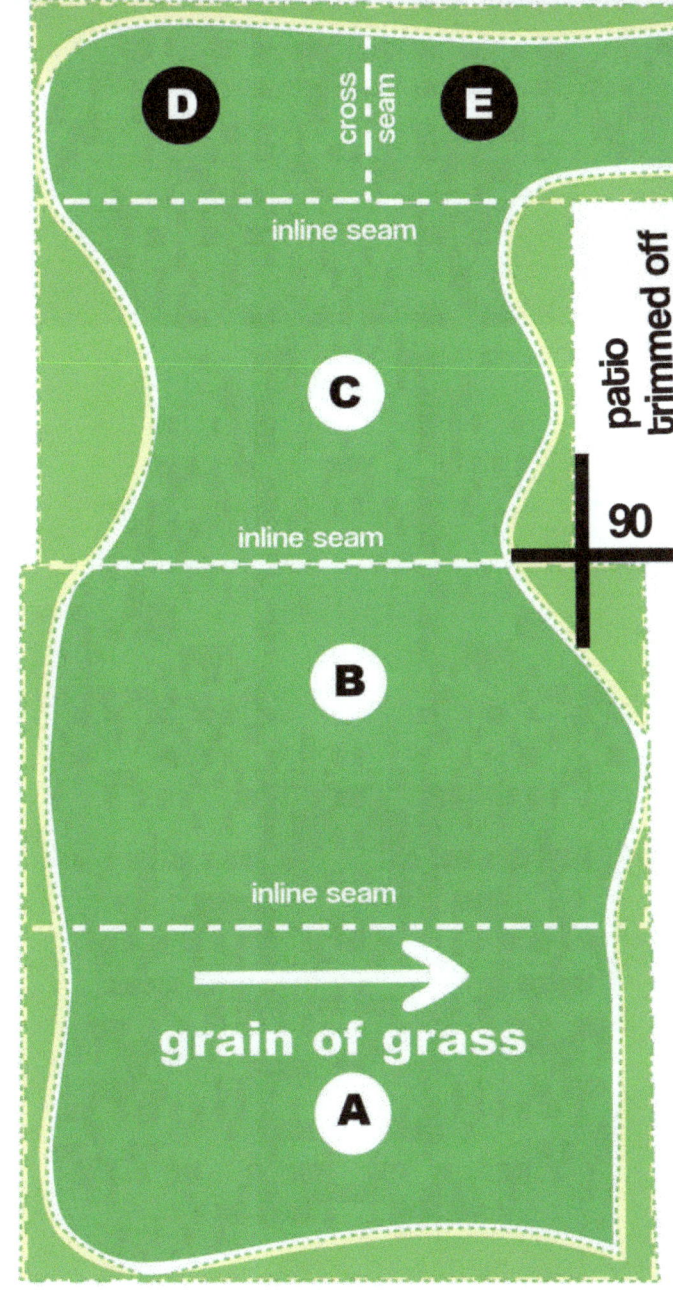

Nuestro diseño requiere 5 piezas diferentes para cubrir toda el área dentro de los confines del bordillo existente. Las piezas del rectángulo serán colocadas, movidas a su lugar, preparadas y cosidas antes de recortar el exceso de césped dentro del borde interior del bordillo.

Primero, clasificaremos los rollos de césped y marcaremos cada uno con la identificación en el patrón antes de traerlos al sitio; colocándolos en orden de diseño que nos permita desenvolverlos y enrollarlos cada uno con el grano en la misma dirección; apuntando hacia el patio y la parte trasera de la casa (para nuestro proyecto de ejemplo)

Utilizamos el borde de la cubierta del patio para determinar un ángulo de 90 grados para nuestro patrón, originalmente, así que tenemos una idea clara de dónde y cómo colocar cada pieza para el mejor ajuste y el césped cubrirá el borde curvo.

El diseño del borde define el área que debemos cubrir con césped artificial (IZQUIERDA | note las áreas marcadas en un color contrastante que serán recortadas). Comenzando con la pieza "A" la desenvolveremos y la desenrollaremos en su lugar y continuaremos con cada una de las piezas más grandes, "B" y "C". Los pedazos pequeños, "D" y "E", deben ser cortados de un rollo maestro y puestos en su lugar.

Nuestro diseño requiere 5 piezas diferentes para cubrir toda el área dentro de los confines del bordillo existente. Las piezas del rectángulo serán colocadas, movidas a su lugar, preparadas y cosidas antes de recortar el exceso de césped dentro del borde interior del bordillo.

Volviendo a los pedazos "A" y "B", prepararemos los bordes y pondremos las costuras antes de pasar a los pedazos "C", "D" y "E", como se describe en las siguientes páginas. Siempre completa todas las costuras antes de recortar los bordes exteriores de un proyecto en caso de que se necesiten ajustes en las costuras o en la colocación del césped.

costuras básicas

términos comunes y tipos de uso

costuras en línea y cruzadas

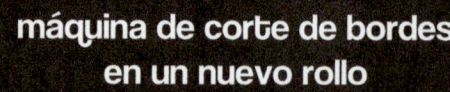

máquina de corte de bordes
en un nuevo rollo

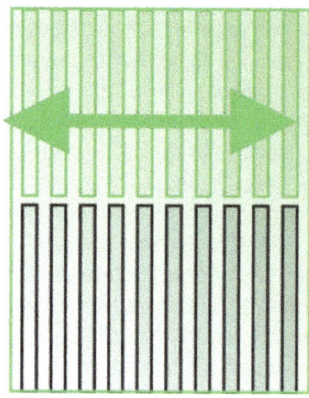

INLINE SEAM

COSTURA EN LÍNEA

Las costuras en línea son verticales. Empieza poniendo dos piezas juntas (una al lado de la otra) y ajustando el espacio entre cada corte a la medida del mechón

CROSS SEAM

COSTURA CRUZADA

Las costuras cruzadas están dispuestas horizontalmente, a lo largo del ancho del césped. Las filas de hojas empalmadas se unen en cada extremo del césped

PUNTA DE LA COSTURA CRUZADA
A partir de un nuevo rollo, inspeccione los bordes superior e inferior del rollo para ver si faltan hojas o son más cortas a lo largo del ancho del césped. Esto se debe a la máquina utilizada en el proveedor para cortar el rollo.

FIX
dejar caer una línea y cortar el borde..

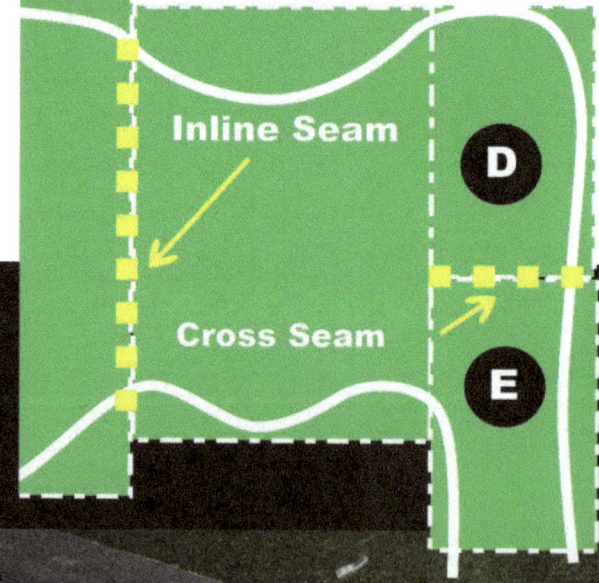

Inline Seam

Cross Seam

D

E

ABAJO | se ve un ejemplo de una costura en línea y una costura cruzada (derecha); superponen las costuras de las telas en la "T

- **tejido de costura**
- **clavos**

3.5 to 5 pulgadas

O

- **costura de la tela**
- **adhesivo**
- **guantes**
- **¼ palustre de pulgadas**

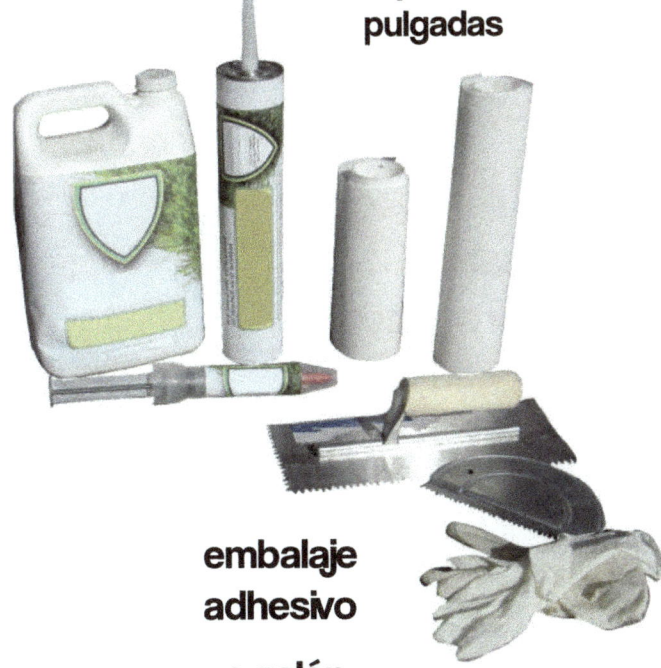

embalaje adhesivo

- **galón**
- **tubo**
- **kit de parcheo**

opciones de costura
clavos/espigas

Preferimos clavar nuestras costuras debido a las cuatro estaciones y a las posibles condiciones climáticas de nuestra zona. Si el proyecto es una cancha deportiva, verde, en un techo, una guardería o un área de juego, entonces usaremos adhesivos de contacto.

Usar clavos es rápido y perdonador, ya que se puede volver a colocar una costura de clavos fácilmente. Los clavos galvanizados y recubiertos durarán más de 15 años.

Hemos tenido éxito usando clavos de 3,5 a 5 pulgadas de longitud con cabezas pequeñas - la clave es añadir un clavo a cada lado del borde de la costura, a unos ½ pulgadas de los bordes; escalonándolos, en diagonal. Es importante clavar suavemente la cabeza del clavo por debajo de las fibras de la yarda, en el respaldo (como se muestra, a la izquierda). Revise después de colocar el clavo y libere cualquier hilo atrapado debajo de la cabeza del clavo.

adhesivos/cinta autoadhesiva

Las opciones de costura disponibles en el mercado incluyen adhesivos de contacto y cintas autoadhesivas.

Cada solución depende de una tira de tela de 6" a 12" de ancho para asegurar que la costura tenga integridad estructural. Las cintas autoadhesivas sirven como su propia capa de tejido de costura. Los adhesivos de contacto requieren que se coloque una tira de tela geotextil no porosa de 6 a 12 pulgadas; los adhesivos se aplican a lo largo del ancho de la tela; usando una paleta dentada de ¼ pulgadas. (Lea las instrucciones del adhesivo que utilice).

Especialmente en las zonas con condiciones climáticas extremas estacionales, de mucho tráfico o en pendientes; los adhesivos y las cintas adhesivas pueden fallar; compruebe las costuras cada pocos años y repárelas lo antes posible

pistola de pegamento caliente y cinta adhesiva

No se recomienda el uso de pistolas y cintas de pegamento caliente ya que el dispositivo de calentamiento puede derretir las hojas de césped en la línea de costura. Las costuras de pegamento caliente son difíciles de reajustar si se comete un error.

grano de césped

al desenvolver un rollo de césped, el grano estará apuntando hacia ti

dirección del grano

Al abrir un rollo de césped artificial, debido al peso del rollo sobre sí mismo, las hojas de hierba aparecerán aplanadas y se "inclinarán" en una dirección; éste es el grano del estilo de la hierba. Todos los rollos (cortes) de hierba artificial, incluso los estilos de pila de textura corta que se utilizan para el campo de golf, tienen un grano y necesitan ser manejados de la misma manera que lo haría para los estilos de altura de pila más larga.

Después de desenvolver y comenzar a desenvolver el césped artificial, tome nota de la dirección del grano. (Observe el diagrama, a la derecha) El grano estará apuntando hacia usted; si puede ver esto o no depende de la longitud y el estilo de la hoja.

dirección del grano →

nuestro proyecto de ejemplo está en un patio trasero, así que instalaremos el grano apuntando hacia el patio trasero y las ventanas en un proyecto de patio delantero, apuntaríamos el grano hacia la calle, en la mayoría de los casos

← roll width →

después de la floración (cepillado), no hay relleno

hierba de la puesta en escena

identificar y organizar cada corte

Si tienes varios cortes entregados en rollos envueltos individualmente revisa las etiquetas de envío para identificar el tamaño del rollo/corte y luego marca tu identificación de patrón en el envoltorio. Esto le ayuda a decidir qué rollos colocar en su sitio.

Descarga y localiza tus cortes donde puedas revisarlos y luego toma cada corte y colócalo en el lugar de instalación; uno a la vez.

La ETIQUETA de cada rollo debe indicar su anchura y longitud, para que puedas planear para qué rollo/corte tomar en el proyecto, primero, segundo, y así sucesivamente. Siempre use la mano de obra adecuada para ayudar a levantar y mover los rollos; desde el camión de reparto hasta la puesta en escena del rollo y luego al sitio y su lugar en el diseño.

Desenvolver el corte cuando lo haya movido en su lugar en el diseño de su sitio. Mientras manipula su césped evite dejarlo doblado o amontonado ya que pueden causar hebillas en el respaldo. Si tiene hebillas severas en el material, puede dejarlo en una superficie plana al sol y las hebillas deben aplanarse.

En las siguientes páginas, en nuestro ejemplo, verá un proyecto que requería 4 grandes cortes (piezas), 3 costuras en línea y una costura a tope - (los cortes están marcados como A a D)

cortes de un rollo maestro

Si sólo puedes pedir materiales de hierba en tamaños de rollo completo o medio rollo - puede que necesites cortar tus propios trozos más pequeños de un rollo maestro.

Antes de que vayamos más lejos en la puesta en escena de sus "cortes", echemos un vistazo a cómo tomar un maestro "completo" rodar y reducirlo a cortes viables, fácilmente.

SUGERENCIA: Al abrir y desenrollar el césped, el borde cortado de la hierba (como caería hacia ti al suelo) se enrollaría para que el grano también apunte hacia ti

el rollo de césped)

dirección del grano fuera del rollo maestro

corta el rollo maestro

Si necesitas hacer cortes de un rollo maestro, pon en escena un espacio limpio, seco y nivelado que tenga espacio para desplegar y cortar tu pieza más larga.

- trabajar en una superficie nivelada, seca y limpia
- trabajar desde el lado de atrás del césped para medir, marcar y cortar
- medir y marcar ambos lados del rollo a lo largo de los bordes de la tela del orillo
- haga una línea de tiza a lo ancho de un punto a otro y use un cuadrado T para comprobar que su línea está en un ángulo de 90 grados en ambos bordes.
- corte a lo largo de la marca en el respaldo
- volver a enrollar y volver a enrollar el césped (con el grano) para entrar en el sitio; usar un núcleo cuando sea necesario
- para cortes grandes

Desenrolla el césped en una superficie limpia y plana y revisa el borde de la máquina por 1. Cuchillas de corte (**Consulte Página 14-4**) y 2. Para ver si el corte de la máquina es recto.

Si el corte de la máquina parece torcido, utilice un borde recto y un cuadrado T para recortar o marcar ese borde con una línea de encaje para asegurarse de que es incluso antes de utilizar este borde para medir y cortar cualquier trozo más pequeño

- asegúrate de que el borde de corte de la máquina sea recto y cuadrado.
- medir cada lado del borde de corte de la máquina y marcar cada borde de orillo
- hacer una línea de tiza / de lado a lado
- puedes comprobar tu línea de tiza con un cuadrado T ANTES de cortar

medir, marcar y cortar

Mide la longitud que necesitas desde el borde de corte de la máquina en AMBOS LADOS del rollo hasta donde quieres hacer tu corte. Marcaremos ese punto cortando una muesca en el borde del orillo. (DERECHA).

Siempre es mejor trabajar en rectángulos y cuadrados y puedes usar las filas de mechones, en muchos casos como tus cortes verticales

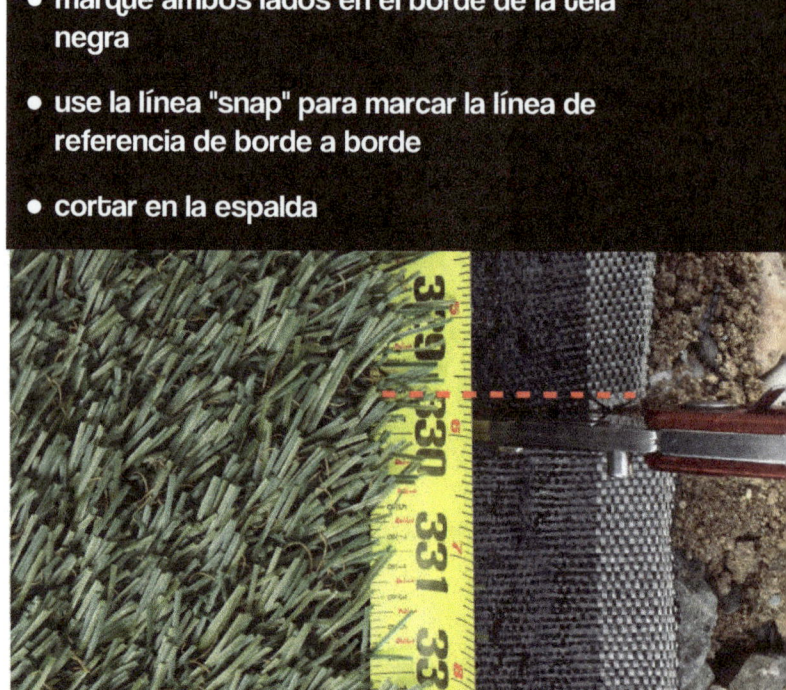

- marque ambos lados en el borde de la tela negra
- use la línea "snap" para marcar la línea de referencia de borde a borde
- cortar en la espalda

"snap" línea

ARRIBA | use la línea "snap" para hacer marcas

Enrolla el césped sobre sí mismo para que se vean las marcas en el reverso y puedas marcar el reverso con una línea de tiza. Haz una línea a lo largo del ancho del rollo, marca a marca.

A menudo quitamos primero los trozos más grandes y cortamos los más pequeños del resto.

FIGURA 1 | ejemplo de un corte maestro (rollo) que cortamos para hacer piezas más pequeñas para nuestro diseño

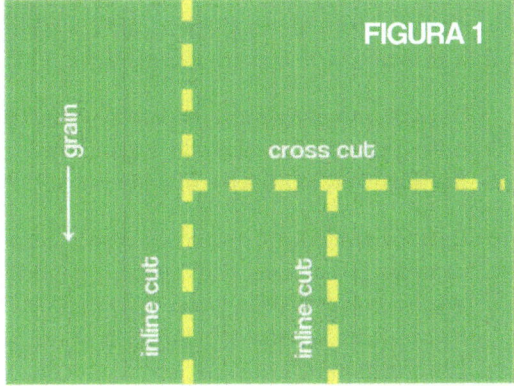

FIGURA 1

grain

cross cut

inline cut

inline cut

los materiales enrollados de césped artificial nunca son perfectamente cuadrados. los bordes cortados a máquina pueden no ser rectos.

inspeccione los bordes precortados ... sus medidas antes de sacar los materiales de su rollo maestro.

ARRIBA | comprobar la línea de encaje con el cuadrado T y cortar los trozos de grano cruzado

Mide el ancho y marca, corta

volver a enrollar cortes más grandes en un núcleo decartón, en una superficie plana, en la dirección de el grano; enrollar uniformemente, para obtener mejores resultados

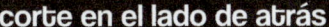

corte en el lado de atrás

grano de hierba = grain of grass

10 pasos para las costuras perfectas

(sigue junto con nuestro proyecto de ejemplo (**Página 14-3**) flujo de trabajo)

1. empezar por desplegar el primer corte

 La primera pieza "A" colocada; compruebe la dirección del grano y despliéguela; cuadrícela para diseñar las marcas; ajústela según sea necesario.

 La segunda pieza "B" se desenrolla y se ajusta al borde de la pieza A

 Tercera pieza "C" desplegada, ajustada para cumplir con el borde de la pieza B (ver Página 14-13)

 Del rollo maestro, mide y corta la pieza "D", quita el orillo y ponlo junto al borde superior de la pieza "C". (Revisa "Cortes de los rollos maestros" / Página 14-18)

 Usar los materiales restantes como pieza "E", medir y recortar (si es necesario) según la especificación del diseño; quitar el orillo y colocarlo junto al borde de la pieza "C", en la parte inferior de la "D" (ver Página 14-17)

2. cuadrar el primer corte

Abre el rollo y colócalo con el grano hacia ti... y luego rueda. Después de que hayas hecho tu primer corte, retira el núcleo y luego cuadrar esa pieza a tus elementos de diseño y paisaje. Cada pieza que se coloca desde la primera pieza debe ser puesta en su lugar lo más cerca posible del borde de la última pieza, de modo que sólo tenga que hacer pequeños ajustes en el espacio entre los bordes donde los unirá

3. el rollo se corta suavemente

Un proyecto que utiliza una sola pieza puede extender el césped y hacer pequeños ajustes para cumplir con las marcas y eliminar las arrugas causadas por la manipulación.

Siempre coloque los materiales con suavidad y elimine las arrugas tirando suavemente de los bordes. Las piezas más grandes pueden requerir que dos o más personas tiren de los bordes opuestos para eliminar las arrugas grandes; trabaje despacio; tirar puede crear más arrugaspara suavizarlas.

mover en cada pedazo de hierba, quitar el envoltorio y posicionarlo de manera que se pueda desenrollar fácilmente con el grano en la dirección apropiada y deseada

yace la primera pieza en PLANO - comprueba el ángulo y ajusta, según sea necesario, para se encuentran con las marcas de los bordes; los suaves tirones en las esquinas o bordes moverán el césped para suavizar las arrugas y las hebillas

grain of grass

ANTES DE QUE SE UNAN
despliega, posiciona y ajusta TODAS las piezas más grandes de tu proyecto, primero, para cumplir con las marcas

ARRIBA | doblar los bordes para ser cosidos y quitar el orillo y 1-3 filas de cuchillas. cortar y enrollar la tela de la costura, asegurar doblar los bordes hacia atrás sobre el césped artificial y establecer el espacio de las costuras entre las piezas

borde exterior de diseño

4. arrugas suaves, golpes y hebillas

El respaldo abrochado es causado por el doblado del césped o por una mala manipulación o almacenamiento. Si la hebilla (línea de pliegue) parece estar causada por el respaldo, podrá ver el pliegue examinando el respaldo; para fijarlo, simplemente extienda la pieza sobre una zona plana, cálida y soleada. Las hebillas deberían ablandarse y los materiales se alisarán. Enróllela para que se mueva en el lugar de trabajo.

5. mueve cada pieza cerca de la otra

Cuando se tienen varias costuras y una gran área a cubrir con materiales pesados para mover, es importante traer los pedazos y sacarlos, uno a la vez; los pedazos más grandes primero. Coloca cada corte y desenrolla cada pieza junto a la que tendrá que ser cosida lo más cerca posible. Cada pieza debe estar "lo suficientemente cerca", de modo que sólo se necesitarán pequeños ajustes cuando se establezca el espacio para la costura en unos pocos pasos.

6. cortar el orillo

Ve a la primera costura (A y B) y dobla ambos bordes para exponer el respaldo. Corta el orillo en cada borde que será cosido. Con un poco de de las filas de cuchillas para proporcionar un borde limpio para usar cuando se unen las piezas. (Ver IZQUIERDA)

7. tejido de la costura de distribución

Una vez que se haya quitado el orillo, desenrolle una capa de tela de costura, Si su material de costura tiene una capa brillante en un lado, desenróllelo y colóquelo con el lado brillante cubierto hacia abajo; el lado sin brillo hacia arriba. Si decide utilizar adhesivo para las costuras, debe aplicarlo en el lado sin brillo de la tela de la costura, no en el lado recubierto.

8. Doblar los bordes de nuevo juntos
9. Establecer el espacio para las costuras
10. Costuras seguras

preparar los bordes para las costuras

tomar estos pasos críticos para asegurar que las superficies sin fisuras

A ambos lados del ancho de un rollo de hierba artificial se encuentra un material adicional llamado orillo. El orillo se utiliza para alimentar el césped a través de máquinas de mechones y revestimientos durante la producción. Si va a tilizar uno o ambos bordes en una costura, retire primero el orillo. Inspecciona los mechones a lo largo del orillo, si encuentras puntadas o el respaldo no es consistente con el resto del material, tal vez quieras quitar 1 o 2 de las filas de mechones junto con el orillo para permitirte empezar con un borde perfecto

quitar los bordes de los orillos

 Inspecciona el borde del orillo para determinar si una o más filas de mechones deben ser removidos junto con el orillo.

 Cortar por el lado de atrás usando la fila de mechones como guía. Completa el corte con una cuchilla afilada para dejar un borde recto limpio.

 Quita el orillo y las filas de mechones y los desechos, según sea necesario. Inspeccione los bordes y quite cualquier fibra de soporte que esté suelta.

todos los demás cortes

Los proyectos a menudo tienen patrones que requieren costuras en línea en secciones menores que el ancho del rollo. Cuando se cortan piezas más pequeñas del rollo original es crítico cortar las piezas usando la hilera de mechones como guía para las costuras en línea y rectas. Para una costura BUTT-FIT, corta esos bordes usando una línea de tiza y un cuadrado en T para asegurar un borde recto con el que coser. *Asegúrate de que tu cuchilla se mantenga siempre afilada. Mantén la tensión en los bordes, mientras cortas, lentamente*

1

quitar el borde del orificio

2

usar un cuchillo utilitario - con una cuchilla afilada y fácil de cambiar - o un cortador superior

3

cerca del borde de la fila para dejar el exceso de material de soporte en el borde de la costura

el calibre de los mechones
varía según el estilo.
ARRIBA: 1/2" ABAJO: 3/8"

inicialmente, colocar las
piezas más grandes primero,
ajustar y preparar

costura del conjunto

En el proyecto de ejemplo que estamos discutiendo iríamos a los dos primeros trozos de hierba artificial para hacer nuestra primera costura.

Para obtener los mejores resultados, una vez que empiece a establecer los cortes para las costuras, mantenga el tráfico peatonal al mínimo en el césped hasta que todas las costuras estén completas.

el espacio ideal para las costuras es igual al ancho del "medidor de mechones" del estilo

Después de cortar el orillo en ambos bordes, dobla los bordes de nuevo sobre el material de la película. Revise y vuelva a colocar las piezas A y B de manera que tenga la cantidad adecuada de espacio (que coincida con el calibre del estilo) y compruebe el espacio, de arriba a abajo, antes de terminar de asegurar la costura.

Las piezas individuales no deben estar más separadas ni más cerca que el medidor de mechones. Si el calibre es de ½ pulgadas, entonces las dos piezas, a lo largo de la costura, deben estar sólo a ½ pulgadas de distancia. Más cerca y verás una línea oscura, demasiado lejos y verás una línea clara. Lo ideal sería que la costura "desapareciera". Es posible que tenga que tirar suavemente de los trozos de césped juntos o separados para lograr el espaciamiento exacto (un pateador de alfombras es muy útil para usar, especialmente con piezas grandes).

Coloca una costura a la vez, comenzando con las 2 primeras piezas y luego la siguiente en el plan hasta que estés completo. Revisa las costuras sobre la marcha cepillando las cuchillas con la mano o con un cepillo - una costura perfecta desaparecerá delante de ti.

Completa todas las costuras en línea y luego pasa a cualquier pieza de costura de ajuste a tope. Una vez que todas las costuras sean seguras e invisibles, pasa a recortar cualquier desecho del borde exterior de tu diseño.

costuras perfectas en línea

Las costuras perfectas empiezan con la comprensión del objetivo de colocar los trozos de hierba a la distancia justa. Para ayudar, puedes cortar cada trozo con este espaciado en mente. el estilo de césped del proyecto de ejemplo (derecha) tiene líneas de puntos ½ pulgadas de separación y el respaldo de uretano está perforado, extremadamente estable y bien construido.

Cortaremos un borde de costura en línea trabajando sólo en el lado del uretano; siguiendo las líneas de mechones (puntos) como guía. En nuestras imágenes de ejemplo para ilustrar el paso por favor note que la pieza del LADO IZQUIERDO ha sido cortada cerca de la línea de puntadas y la pieza del LADO DERECHO ha sido cortada lejos de las puntadas, dejando aproximadamente ½ pulgadas de material de respaldo en su lugar.

Cuando se corta cada borde de esta manera y se colocan las piezas muy juntas, generalmente estarán perfectamente espaciadas para su costura. Espaciar las piezas de césped adecuadamente, con un espacio de ½ pulgadas entre ellas para nuestro estilo de césped de ejemplo, antes de la costura, asegura una costura perfecta.

la costura en línea = inline seam

filas espaciales uniformes, horizontalmente

Bordes cortados a la izquierda como se muestra, para establecer el espacio exacto

DERECHO - una costura perfecta "desaparecerá" apareciendo "sin costura"

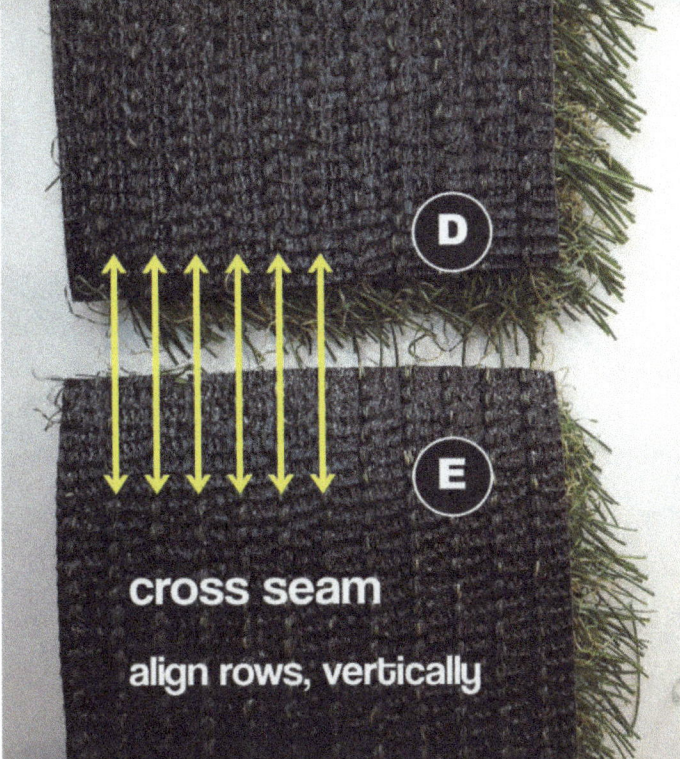

cross seam

align rows, vertically

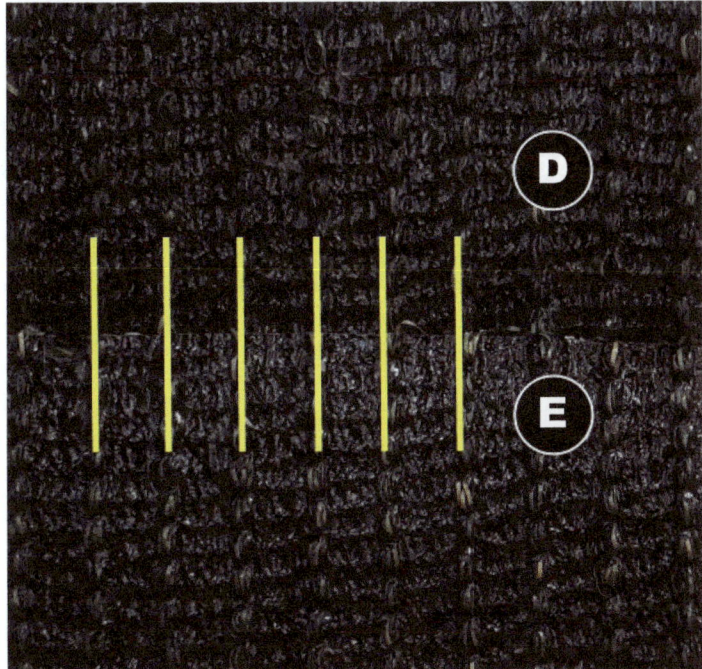

costuras cruzadas perfectas

Las costuras cruzadas son muy prácticas para proporcionar cierta flexibilidad en la forma en que se establece el patrón para algunos diseños de césped y deportivos. Antes de empezar, comprueba los bordes de la máquina para ver si hay cuchillas mal cortadas y quítalas, si las encuentras.

Mueve tus piezas a su lugar y dobla el extremo de nuevo sobre sí mismas. La pieza que se instalará abajo la denominaremos "inferior": la pieza superior de la costura transversal la denominaremos "superior". Coloca el material de costura entre las piezas superiores e inferiores y asegúralo. Traiga la pieza inferior y alinéela correctamente para el diseño. Trae la pieza superior y colócala. Ajustar la alineación de las filas de mechones y poner la costura para que toque cada borde con fuerza, juntos.

Alinea las hileras de mechones y acerca los trozos de césped lo suficiente para que ocupen el espacio de un solo mechón. A menudo aseguramos primero la costura inferior y luego fijamos y cortamos el borde superior, lo que ayuda a ahorrar tiempo y da un buen ajuste.

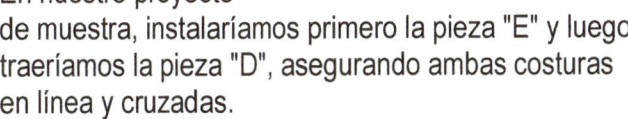

Si tus velas cruzadas también se cosen en cada borde, creando una "T" con costura en línea, es crítico revisar ambas costuras antes de asegurar cualquiera de ellas. En nuestro proyecto de muestra, instalaríamos primero la pieza "E" y luego traeríamos la pieza "D", asegurando ambas costuras en línea y cruzadas.

IZQUIERDA - antes de asegurar

IZQUIERDA - antes de asegurar las costuras, compruebe a lo largo de toda la costura para asegurarse de que está bien espaciada y alineada.

el siguiente paso,
espaciado de las costuras
el espacio entre las filas y las costuras

El truco para una costura perfecta es el espaciamiento. La cantidad de espacio entre lasfilas de mechones. Este espacio se mide desde el borde interior al borde interior de una fila de "TUFTS" (penachos) y varía con cada estilo de césped; la mayoría de los estilos de paisaje serán de 1/2" (pulgadas) o 3/8" (pulgadas).

(Referirse a la página 14-13)

set the space between cuts on a seam to the width of the tuft gauge

El siguiente paso es doblar suavemente los dos bordes sobre la tela de la costura.

Una vez en su lugar para una costura, no camine por su césped, ¡puede moverse! Moviéndose lentamente a través de la superficie, vuelva a comprobar el espacio y haga cualquier ajuste, según sea necesario. Una vez que esté satisfecho, comience a asegurar su costura

enfocar la primera costura alineando y ajustando las dos primeras piezas hasta lograr el espacio adecuado Inmediatamente asegure la costura con clavos o adhesivos y cepille para comprobar (Página 14-4, 14-5, 14-18, 14-19)

Después de preparar los bordes, de colocar la tela de la costura, se vuelven los bordes de ambos lados de la costura.

Revise a lo largo de la costura para establecer el espaciamiento y suavemente tire de los dos lados para alinearlos. Una vez que esté listo, asegure y continúe.

Los pateadores de alfombras son una herramienta valiosa cuando se trata de hacer pequeños ajustes para el espaciado de las costuras; especialmente con cortes más grandes y costuras largas.

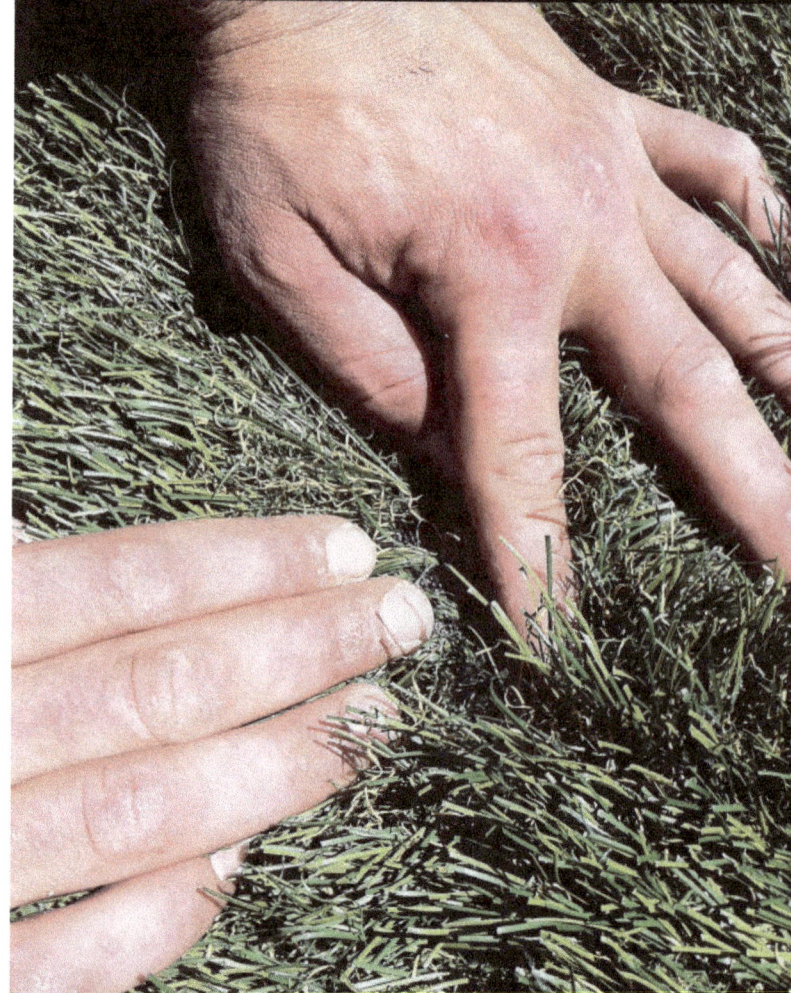

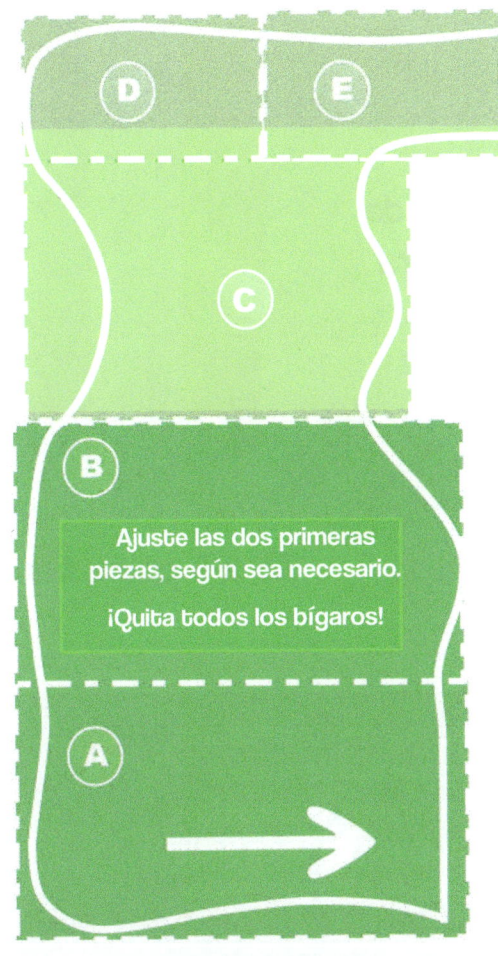

Ajuste las dos primeras piezas, según sea necesario.

¡Quita todos los bígaros!

para nuestro proyecto de ejemplo, establecimos la primera costura con clavos, cada 4-6 pulgadas, a lo largo de ambos bordes antes de establecer el espacio en la costura entre los cortes "B" y "C"

ABAJO | comprobamos el espacio en una costura

puntas de "seaming"

Una vez que empiece a hacer la costura, mantenga el tráfico peatonal fuera del césped artificial hasta que toda la costura esté asegurada (los adhesivos se curan en 30 minutos, generalmente). Caminar sobre cortes sueltos puede causar pequeños cambios en las superficies y abrir una costura antes de asegurarla.

Resuelve todas las arrugas y hebillas del césped artificial antes de coserlo. Volvemos a comprobar el espacio mientras aseguramos la costura.

¡Siempre hay que poner la costura antes de recortar los bordes exteriores de cualquier corte! Si necesitas ajustar una costura, puedes realinear el césped y no ver las marcas exteriores.

Nunca se rellenan antes de completar todas las costuras y el recorte del borde del perímetro exterior está completo.

termina de asegurar y revisar todas las costuras antes de recortar cualquier exceso del borde exterior

Completaremos todas las costuras y luego pasaremos un rastrillo o un cepillo eléctrico por toda la instalación para comprobar las costuras. Siempre hay que mirar una costura desde varias direcciones. Puede que descubras que una costura "se ve" hasta que se mira desde una cierta dirección o momento del día.

Las costuras que se ven justo después de que se completan, a menudo desaparecen después de que las superficies florecen y se rellenan.

costura con clavos
eficiente y seguro

Usar clavos y telas de costura es ideal en la mayoría de los climas. Los clavos galvanizados tienden a durar más que los clavos recubiertos, pero ambos generalmente duran más que los adhesivos en climas extremos. Use cualquier clavo que tenga al menos 3.5 pulgadas de largo, para obtener mejores resultados.

La tela de costura es clave para todas las costuras y especialmente cuando se utilizan clavos, ya que la tela de costura proporciona una estabilidad horizontal y vertical adicional y mantiene los clavos firmemente en su lugar, ayudando a aumentar la integridad de la costura y a reducir los puntos de fallo

- tejido de costura
- clavos

3.5 a 5 pulgadas

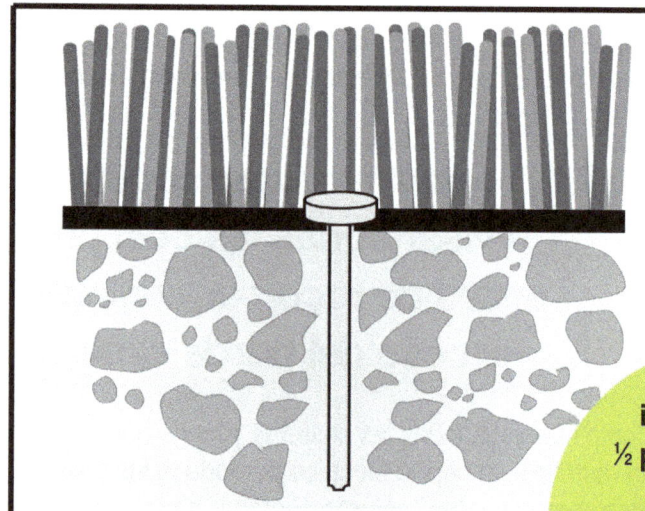

clavar la cabeza del clavo profundamente debajo de las cuchillas, en el fondo y la base

Los clavos rectos son más fáciles de usar que los de yute para las costuras y ofrecen mejores resultados; los materiales agregados del curso son difíciles de navegar con la grapa de yute de doble cabeza, los clavos de un solo eje serán fáciles de usar y ofrecerán mejores resultados. Clave la cabeza del clavo profundamente en las hojas del hilo, debajo de cualquier capa de paja, también.

Los ejes de los clavos reaccionarán a la humedad de los materiales de base y comenzarán a "unirse" a la base, en sólo unos días, aumentando su resistencia.

ABAJO se pueden usar clavos para asegurar las costuras. inserta los clavos dentro de ½ a una pulgada de cada borde a unas 4 pulgadas de distancia

inserte clavos ½ pulgadas desde el borde del césped a lo largo de la costura; cada 4 pulgadas

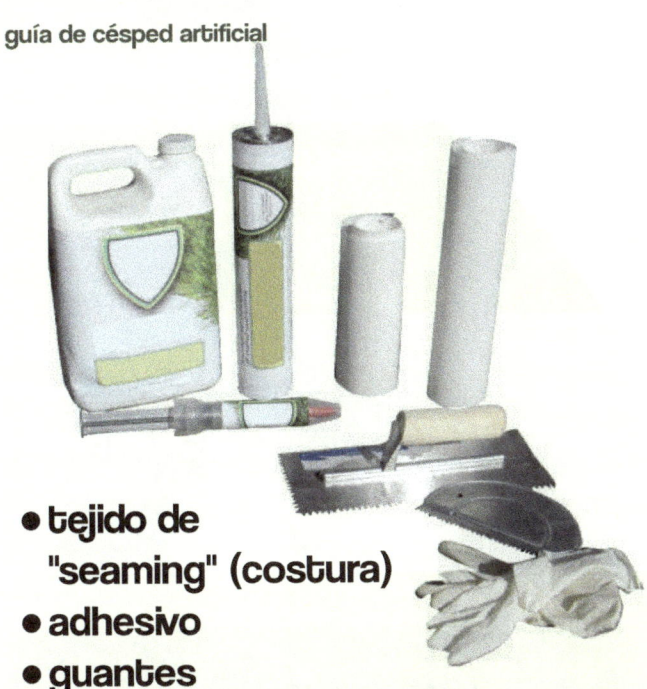

- tejido de "seaming" (costura)
- adhesivo
- guantes
- ¼ palustre de pulgadas

la costura con adhesivos
lo mejor para el juego, los deportes y la guardería

Los adhesivos y las costuras son la forma en que la mayoría de los campos de deportes se instalan para que sea bien probado y seguro. Los proyectos de césped artificial residencial pueden ser fácilmente cosidos usando adhesivos y telas con grandes resultados

considerations for adhesives

- agua o aire curado
- contacto y tiempo de cura requerido
- manipulación - vapores peligrosos o ?
- especificaciones de tiempo y UV

Todas las costuras deben ser revisadas regularmente para detectar fallas; repárelas inmediatamente. Una costura partida puede separarse más y el relleno y los restos orgánicos pueden quedar fácilmente atrapados entre las telas de la costura y el soporte creando más problemas.

ABAJO Los adhesivos de contacto se extienden con una paleta de muesca de ¼ pulgadas a lo largo del ancho d la tela de la costura

Para cerrar la costura, lentamente doblar cada borde, uniformemente, aplicando una suave presión a lo largo de la costura, mantener las cuchillas libres.

costuras problemáticas

los 3 principales problemas de las costuras

1. el espaciado de las costuras está demasiado alejado
2. el espaciado de las costuras está demasiado cerca
3. el borde de la costura está mal cortado o no está bien alineado

la costura se muestra debido a que las piezas están demasiado separadas

las costuras que están demasiado separadas aparecerán como líneas oscuras

Es fácil arreglar una costura que ha sido clavada, ya que sólo hay que quitar los clavos, reposicionar el césped y volver a hacer la costura.

Si ha utilizado un adhesivo, tendrá que "cortar" la costura antes de poder reposicionar los materiales, alinear y establecer el espacio de la costura para volver a hacerla.

¡No arrancar la tela de la costura si se usaron adhesivos! Tratar de quitar las telas de la costura y los adhesivos tirando de ellas puede hacer que los mechones de hilo se debiliten y que el borde del soporte se debilite. Un pegamento / disolvente adhesivo podría ser una opción, también; compruebe con su proveedor de adhesivos. La causa típica de una mala costura es la falta de un espacio adecuado. Ya sea el ancho del calibre del mechón o el largo de una sola puntada, puede marcar la diferencia.

En algunos casos, incluso con una "costura perfecta" se puede ver una costura en ciertos momentos del día o en ángulos específicos. A menudo, las "costuras" que se ven fácilmente después de la instalación desaparecerán después de la exposición y el uso.

El uso de una herramienta "pateadora de alfombras" a menudo puede ayudar a mover gradualmente las piezas de césped para establecer el espacio de la costura. La clave es comprobar el espacio y continuar comprobándolo mientras trabajas para asegurar los bordes a lo largo de toda la junta

las costuras clavadas se fijan fácilmente

una costura se verá más oscura cuando los pedazos de césped estén demasiadoseparados

para fijar, simplemente ajuste las piezas más juntas y asegure la costura

la costura muestra que los topieces están demasiado separados y colocados en dirección opuesta

si los granos de hierba se colocan en diferentes direcciones también se verá la costura

la costura se muestra debido a que las piezas están demasiado cerca

una costura se verá como una protuberancia o más ligera cuando las piezas están demasiado cerca

para fijar, simplemente ajuste las piezas más separadas y asegure la costura

dirección equivocada

El error más común es unir dos piezas cuando las piezas se colocan con el grano yendo en diferentes direcciones. Debido a la marcada inclinación de las fibras del hilo, ninguna antidad de relleno o cepillado puede corregir el grano para hacer una costura como esta. Estilos de peso de cara densa y algunos estilos cortos de KDK podrían ser capaces de ser cosidos usando direcciones de grano opuestas; en nuestra experiencia todos los estilos funcionan mejor cuando el grano se coloca en la misma dirección.

consejo
establecer el espacio entre las costuras y reducir el tráfico en el lugar de trabajo hasta que todas las costuras y los bordes exteriores estén seguros

tips to fix seam challenges

- comprueba el espacio y corrige, a veces un movimiento suave con un "pateador de alfombras" funciona

- si la base tiene una corona, los materiales de césped podrían arrugarse tratando de ajustarse a las curvas y ángulos. es posible que tenga que reajustar la base (corona) para asegurarse de que el césped se asiente suavemente a través de las superficies

- comprueba si las cuchillas de hilo han quedado atrapadas y están ocultas a ambos lados del borde de la costura - súbelas y sácalas.

- buscar rocas de base suelta que podrían estar creando

- un bulto bajo las telas de la costura

- apisonar a mano la longitud de toda la costura de arriba a abajo y florecer, de nuevo

cortando alrededor de muros curvos, jardines y postes

Hemos encontrado que la forma más fácil de colocar el césped artificial contra paredes redondeadas, enormes rocas naturales, paredes de bloque y postes es doblar el césped alrededor del elemento mientras lo recortamos hasta el borde.

Doblar el césped puede ayudar a mover y colocar el césped en espacios reducidos. La falta de espacio puede requerir que cortes tanto exceso de césped del pliegue como puedas.

Doblar y luego usar cortes en relieve ayuda a "doblar" los materiales de césped alrededor de los elementos, como paredes elevadas, luces o postes. (Ver DERECHA)

Si estás trabajando con una sola pieza de césped, establece la dirección del grano, coloca el material plano y liso y luego simplemente dobla el exceso de material sobre sí mismo mientras trabajas alrededor de los obstáculos.

Si este corte necesita ser cosido a otro corte, complete tanto de la costura como pueda para anclarlos en su lugar antes de recortar cualquier borde.

Los cortes en T se pueden usar para "abrir" el césped para trabajar alrededor de un poste vertical (Ver DERECHA).

Retira el exceso de materiales de recorte a medida que avanzas.

bordes plegados

los recortes de ayuda

corte T

bordes plegados

recortar / desechar

recortar a los bordes duros

El objetivo es cortar (recortar) el exceso de hierba artificial para que el borde del corte se ajuste a cualquier tipo de borde duro, sin un hueco.

mejor kit de herramientas

- **marcador de grasa (amarillo, blanco, plateado o rojo)**
- **hoja de cambio rápido**
- **tijeras o cizallas afiladas**

Nos gusta empezar los cortes con el césped en el lado del respaldo (uretano) así que doblamos el césped y usando un lápiz de grasa de alto contraste, marcamos a lo largo del borde, aproximadamente a 1/8 de pulgada de distancia.

Usa una cuchilla afilada y comienza el corte en el dorso a lo largo de la marca, lentamente. Revise su corte contra el borde duro cada pocos centímetros ya que ningún borde está perfectamente recto.

Cuando se cortan los puntos de sutura, en diagonal o en una curva, se puede cortar a través de los puntos de sutura; esto es común y las fibras sueltas pueden ser removidas.

Como se muestra, marcamos y luego cortamos el exceso de césped en el lado de atrás. Mientras cortamos, comprobamos el corte con el ancho de un dedo entre el borde crudo del césped y el borde duro.

asegurando los bordes duros

Ahora que todos tus bordes están cortados y recortados, cualquier exceso de material de costura que se asoma se eliminan los bordes, aseguraremos el borde.

clavando un clavo de 3.5 a 5 pulgadas cada 4 a 6 pulgadas, aproximadamente a ½ pulgadas del borde a todo lo largo

inserte el clavo ½ pulgadas desde el borde exterior; cada 6 pulgadas

Revisa los cortes de los bordes y corrige cualquier borde que esté mal cortado; quita el respaldo y las hojas, según sea necesario, con un par de tijeras o tijeras.

Cuando se corta el césped contra un borde duro demasiado cerca, a menudo aparecerá como un bulto en el borde duro; quitando una sola fila de cuchillas o quitando tan poco como 1/8 a ¼ iinch puede hacer una gran diferencia en la forma en que el césped se apoya contra un borde duro. Deje un poco de espacio para que el césped se coloque suavemente.

Cuando llegues a una costura - añade clavos a cada lado de la esquina de 90 grados de los trozos de césped para mayor estabilidad.

Cuando termines de asegurar el borde exterior, usa un rastrillo de mano (mostrado abajo) o un cepillo ventilado y haz florecer el césped a lo largo del borde para asegurarte de que todas las cabezas de los clavos estén cubiertas y las hojas estén listas para el relleno.

Puede que encuentres hojas extrañas que son demasiado altas cuando trabajas a lo largo del borde, simplemente usa tijeras o tijeras para cortar la altura de la pila de esas hojas pícaras a la altura correcta.

Si has dejado cabezas de riego en la zona asegúrate de que has cortado el césped alrededor de cada una y PRUEBA el sistema antes de pasar al siguiente paso y rellenar las superficies

ocultar las cabezas de las uñas cepillando las hojas en los bordes con una herramienta de rastrillo de mano (derecha) o un cepillo rígido

tableros de polietileno, madera y metal

Consejos para completar un borde exterior cuando se usan tablas de recorte de poliéster, madera y metal.

borde de la alfombra

dejar alrededor de 1 ½ a 2 pulgadas de exceso de césped en el borde para arropar

consejos para el acabado

- utiliza el borde exterior de la tabla de corte instalada como patrón para cortar el borde del césped
- cortar el exceso de césped dejando de 1 ½ a 2 pulgadas de los materiales para meter entre el borde de la base y el borde de la tabla
- usando un cincel romo (sin filo) o una cuña, empuja suavemente el exceso de césped en el borde entre la tabla y la base
- aseguren el césped a lo largo del borde superior con clavos perimetrales, cada 6 pulgadas, dentro de ½ pulgada de la tabla de recorte del borde interior

pasos finales para "rolled" bordes

Si estás usando materiales, enviados o envueltos, en rollos/cortes separados - querrás asegurarte de que compruebas las etiquetas para identificar el tamaño del rollo y luego identificar el envoltorio, para saber qué rollo/corte va a dónde.

Pasa la hierba por el borde y corta el exceso.

Asegura el borde enrollado a la base con grapas de yute, cada 4 a 6 pulgadas; no más de ½ pulgadas sobre el nivel del suelo (ver diagrama, ARRIBA). Despejen la base o los escombros que queden.

dejar por lo menos 4 pulgadas de exceso de trufas al cortar el borde

inserta una grapa de yute a 1 pulgada del fondo del borde enrollado; cada 4 a 6 pulgadas

enrollar el borde del césped y asegurarlo con una grapa de yute

Recortar el borde del c ésped usando la parte inferior del borde enrollado de la base como patrón.

Dejar unas 4 pulgadas de césped para enrollar por encima y por debajo de la base. (derecha) espués de que ruede el borde, asegure con una grapa de yute cada 6 pulgadas a lo largo del borde exterior inferior (como se muestra ARRIBA)

Más consejos para BORDES RODADOS (Rolled)- CAPÍTULO 13 - Página 15

rellena los bordes enrollados con materiales selectos como roca decorativa, peldaños, caminos DG y corteza

problemas comunes

hebillas, baches y arrugas

Para evitar estos problemas con una nueva instalación, antes de coser o recortar el césped asegúrese de que su base está correctamente instalada y compactada, sin problemas. Compruebe que las superficies de césped artificial estén colocadas suavemente sobre su base antes de completar los pasos de instalación. Otra forma de evitar las arrugas es mantener el tráfico peatonal al mínimo hasta que todas las costuras y los bordes exteriores estén asegurados.

Si la base tiene protuberancias o surcos, pueden aparecer después de colocar el césped artificial. Para solucionar esto, quita los pastos y vuelve a colocar las áreas problemáticas de la base y luego vuelve a colocar los pastos en su lugar. Si ve un pequeño bulto, puede ser una roca suelta de la base y puede apisonarlo a mano" hasta los niveles de la base quitando el bulto.

Para eliminar las arrugas de una sola pieza, tire suavemente de los bordes del césped opuestos a la arruga hasta que se suavicen. Si el diseño tiene piezas y ya está cosido, tendrá que deshacer la costura para poder mover las piezas y ajustar el césped para eliminar las arrugas.

A medida que desenrolla el césped, si nota que el trozo está rizado o abrochado, colóquelo sobre una superficie plana al sol para permitir que el calor suavice el soporte, lo que relajará y suavizará las hebillas y los rizos, con el tiempo.

las cuchillas parecen estar agrupadas en bordes elevados y duros

Esto se debe a un borde mal recortado. Simplemente tire del borde y recorte el exceso hasta que el césped quede limpio contra el borde duro.

TOP | golpes, hebillas y arrugas
ABAJO | El borde del césped fue mal cortado y las cuchillas están aplastadas contra el borde de la acera.

terminando

Ahora que las superficies están completamente instaladas y los bordes y cualquier costura están asegurados, necesitamos preparar las superficies para el relleno.

- limpiar el sitio de todas las fibras sueltas, cualquier suelo, base extra y comprobar todas las costuras y bordes antes de rellenar, también.
- florecer (cepillar) las cuchillas para que permitan que el relleno se asiente uniformemente en la parte superior de las superficies durante el siguiente paso; utilizar un cepillo eléctrico (escoba), una escoba rígida o un rastrillo de relleno
- volver a revisar las costuras y eliminar cualquier problema con las arrugas, hebillas o protuberancias.
- usar un soplador de hojas para limpiar cualquier otro residuo suelto antes de los siguientes pasos

coloca una lona en un área donde puedas acceder a los materiales y cargar tu esparcidor de gotas con el relleno

TOP | quitando las cuchillas sueltas

ABAJO | floreciendo (cepillando) las cuchillas para preparar el relleno.

este capítulo contiene:

- materiales de relleno
- consejos de instalación
- sugerencias de herramientas

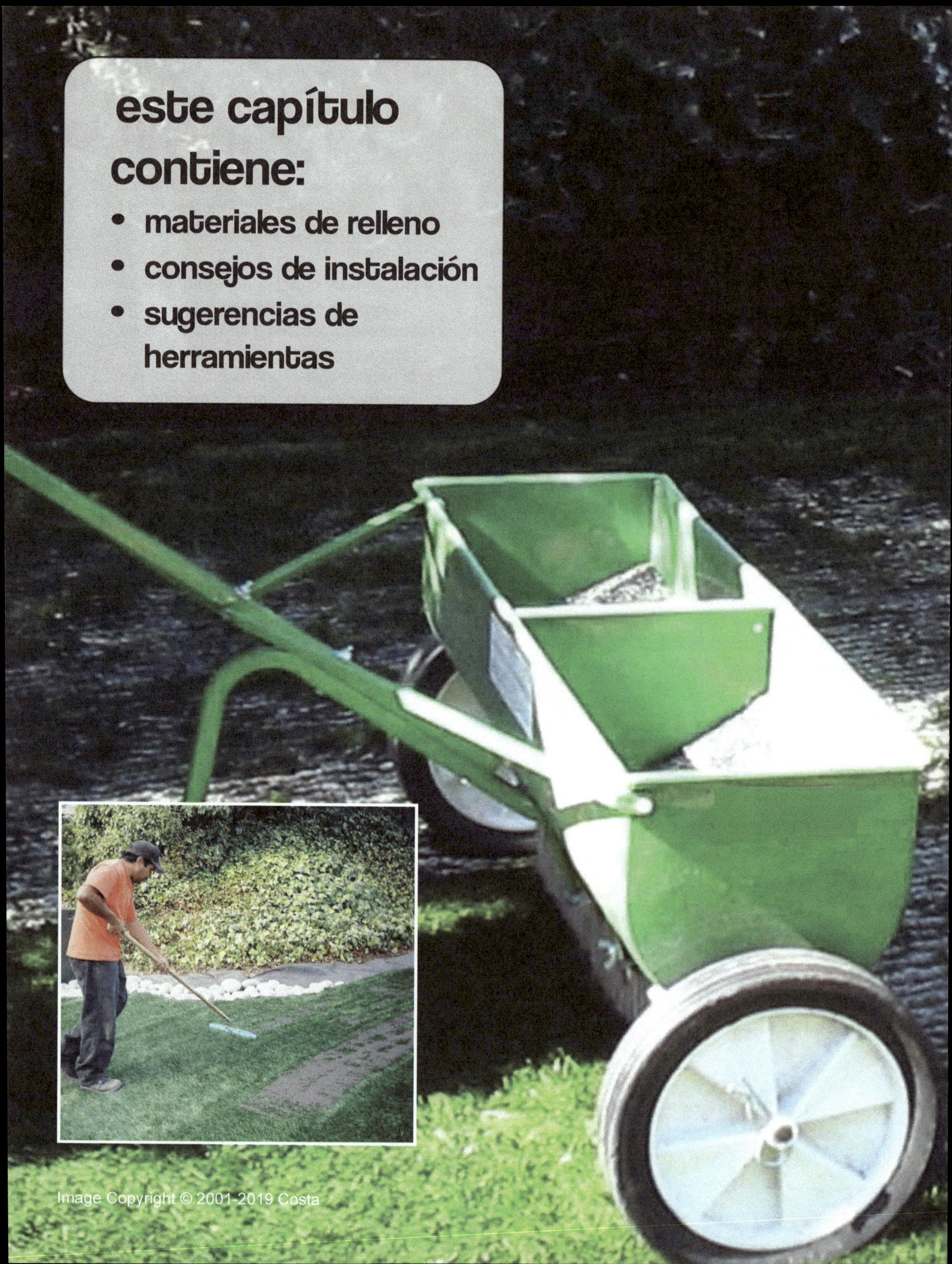

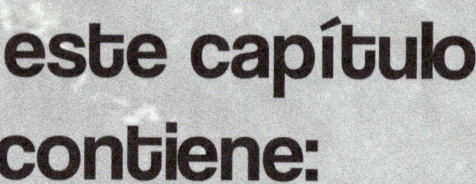

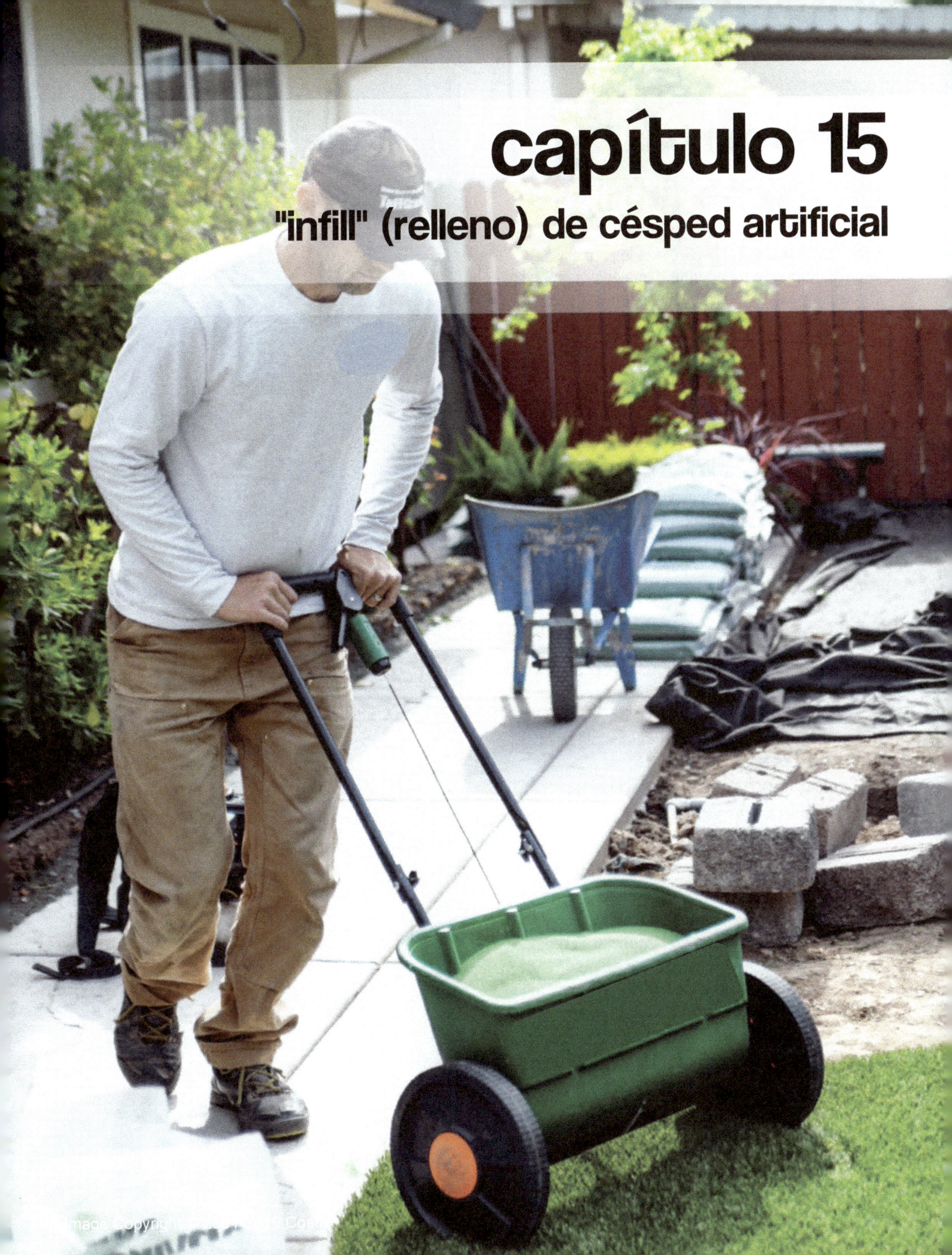

capítulo 15
"infill" (relleno) de césped artificial

herramientas de relleno (infill)

ESPARCIDOR DE GOTAS - utilizado para aplicar **unas 50 libras de relleno (infill)** materiales granulares - un esparcidor de gotas debe tener un "cubo" que se pueda llenar con materiales y una "puerta" de alimentación inferior cuya apertura se puede ajustar para controlar cuánto material de relleno se libera mientras se camina lentamente a lo largo de la distribución de material a través de las superficies.

Los proyectos más grandes pueden requerir un equipo más extremo - la mayoría de los proyectos pueden ser rellenados usando un esparcidor de gotas disponible en la mayoría de las tiendas de jardinería y ferretería. Incluso puedes encontrar uno para alquilar.

lista de herramientas de relleno (infill)

- **esparcidor de gotas drop spreader**
  - ❑ **el esparcidor pequeño tiene capacidad para 50 libras**
  - ❑ **el esparcidor comercial a pie puede soportar hasta 200 libras**
- **lona para poner debajo de las bolsas de relleno y esparcidor de gotas**
- **rastrillo de relleno o escoba de nylonrígido**
  - ❑ **los proyectos más grandes y los profesionales se beneficiarán usando una escoba de rotor a gas (se muestra una unidad con rueda y kit de peso y una unidad de mano - 15-3)**

para terminar los pasos, es útil tener

- **un soplador de hojas**
- **escoba de cerdas suaves**
- **tienda de vacío**
- **manguera y boquilla de aspersión**

un pequeño cubo esparcidor de gotas puede contener unas 50 libras de relleno

esparcidor de gotas grande

el cubo grande del esparcidor de gotas puede contener unas 200 libras de relleno (infill)

prepárate para rellenar (infill)

Con el rastrillo de relleno, una escoba rígida o un cepillo eléctrico, quite todas las cuchillas y fibras sueltas de las superficies. Los materiales sueltos pueden caer en las superficies haciendo que parezcan desiguales e impiden que el relleno caiga al fondo.

Cuchillas "BLOOM UP" Una vez que todas las fibras sueltas y las cuchillas son removidas - toma tu rastrillo, escoba rígida o cepillo motorizado y bloom (levanta) las cuchillas. Florezca toda la superficie rastrillando o cepillando contra el grano. Una vez que las cuchillas estén en pie, el relleno caerá en su lugar de forma más uniforme y fácil.

Revisar los bordes y las costuras - Después de hinchar las hojas del césped, es importante volver a revisar las costuras. Asegúrate de que no se "muestren" y si lo hacen, arréglalas ahora. Las costuras se ven debido a tres problemas comunes; las piezas de césped no están colocadas correctamente (demasiado cerca o demasiado lejos) O los cortes se superponen ocultando las hojas bajo los bordes.

Si no estás contento con una costura (Consejos para la costura, Capítulo 14 - 20) o tienes bordes que necesitan ser recortados o enrollados - ¡atención siempre a estos temas antes de rellenar!

recortar y clavar el exceso de césped del perímetro antes de empezar a rellenar

rastrillo de relleno (infill)

Antes de empezar a rellenar - es importante eliminar todas las fibras sueltas de la superficie. Utilice un rastrillo de relleno sobre las áreas de la superficie para recoger y luego quitar las fibras son lo mejor. No vueles las fibras, ¡estarán por todas partes!

ABAJO - usa una escoba eléctrica o un rastrillo de relleno para "florecer" o "esponjar" las superficies, antes del relleno.

El florecimiento levantará las hojas, en posición vertical, y el relleno caerá en las superficies, más fácil, durante los pasos de relleno.

A continuación se muestran dos tipos de cepillos de potencia. Los equipos de energía son críticos en proyectos grandes y para los profesionales.

después de despejar las hojas sueltas y antes de rellenarlas florecer las superficies para que las hojas se mantengan en pie

cepillo de potencia con kit de ruedas

escoba eléctrica de mano

consejos del esparcidor

Los pequeños esparcidores de gotas pueden contener una sola bolsa de 50 libras. Las unidades comerciales más grandes para profesionales pueden contener de 100 a 200 libras; más grande también significa más ancho, proporcionando más cobertura con cada pasada.

Cada unidad de esparcidor de gotas tendrá "indicadores" (ver flechas amarillas, a la derecha) que mostrarán el ancho del flujo de materiales de debajo de la unidad al caminarla sobre la superficie.

En el mango de las unidades más pequeñas encontrarás un medidor de flujo - simplemente abierto al más amplio ajuste para permitir el mejor flujo. Hay una palanca o manija que permite controlar el flujo abriendo y cerrando el fondo de la cesta del esparcidor.

llenar a mano los bordes y las esquinas

Se desperdiciará menos relleno si se empieza por rellenar a lo largo de los bordes, a mano, a lo largo de unas 6 pulgadas contra paredes o grandes rocas, escalones o áreas elevadas. Use un cubo de relleno y una taza o una cuchara. Use un rastrillo de mano (o un cepillo de pelo con ventilación) para hacer florecer las hojas y trabajar el relleno profundamente en las fibras por estos tipos de bordes.

empiezan a llenar la superficie

Llena la cesta del esparcidor de gotas sobre una superficie cubierta con una lona para que puedas recuperar rápida y fácilmente cualquier relleno que puedas derramar durante este paso. Lleve un registro del número de bolsas que utiliza para calcular la cantidad de material que está aplicando. Idealmente, un estilo de césped que tiene una altura de pila de 2 pulgadas con un medidor de mechones ½ necesitará aproximadamente de 2,5 a 3 libras de relleno por pie cuadrado, aplicado a la parte superior del césped.

Esparce al menos una ronda completa en la superficie y luego toma tiempo para rastrillar el material en lo profundo de la pila. Si añadió demasiado material, use el rastrillo o la escoba para emplumarlo en cualquier relleno extra hasta que esté parejo. Continúe repitiendo los pasos hasta que el relleno cubra el 40-50% de la altura del montón.

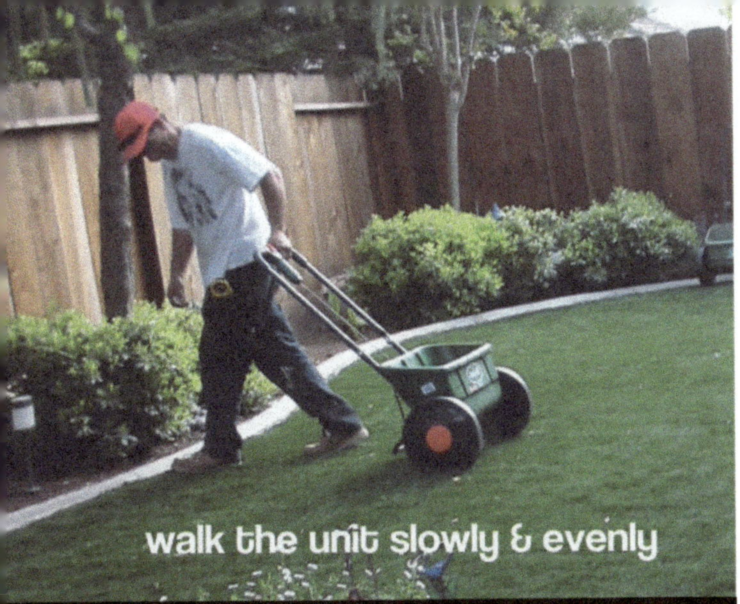

walk the unit slowly & evenly

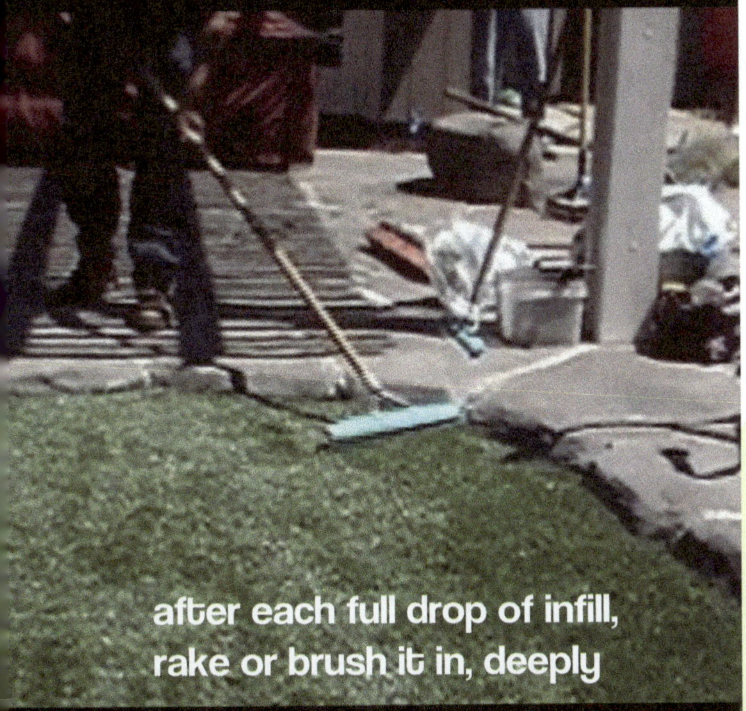

after each full drop of infill,
rake or brush it in, deeply

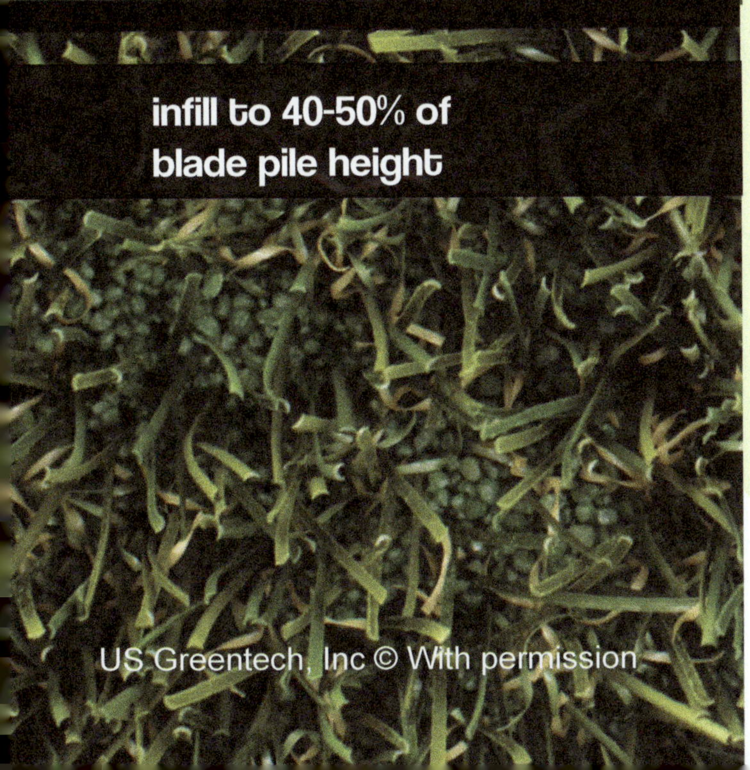

infill to 40-50% of
blade pile height
US Greentech, Inc © With permission

se distribuyen de manera uniforme

Elige un punto de entrada y salida en el área del proyecto y decide si vas a caminar con el esparcidor hacia adelante y hacia atrás o alrededor de la forma. Camina LENTAMENTE y no superpongas las gotas de relleno, ya que el objetivo es llenar las superficies AUN.

patrones de relleno comunes

ejemplos de patrones que podría utilizar para caminar el esparcidor de gotas, sobre la superficie para dejar caer el relleno

bordes y esquinas - rellenado a mano

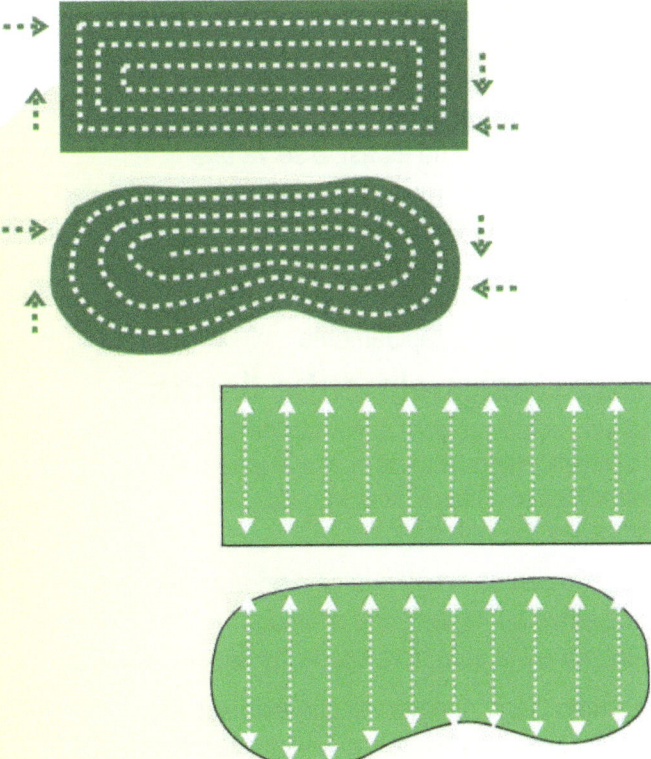

¿se te cayó demasiado?

Usa una aspiradora de taller para quitar o un soplador eléctrico enfocado en el área sobrellenada para desplumar los materiales si agregaste demasiado relleno a cualquier área.

consejos de relleno

- superficies de floración antes del relleno
- sólo rellena las superficies secas
- usar un esparcidor de gotas
- bordes de relleno de mano
- usar la cantidad, el tamaño y el tipo de relleno adecuados
  - ❑ céspedes al 40-60% de la altura máxima de la hoja
  - ❑ poniendo los greens (putting green, bocce, ball courts) al 85-90% de la pila
- utiliza un rastrillo de relleno, una escoba de nylon rígido o una escoba eléctrica para limpiar las superficies
- instalar todos los materiales de recorte (bloque, borde, roca grande) antes del relleno
- añadir materiales de relleno después del relleno (corteza, roca deco y tierra de jardín)

"perezoso" cuchillas enmarañadas

La mejor manera de comprobar, a ojo, si se ha añadido suficiente relleno es mirar de cerca las superficies para ver si las hojas más altas están en posición vertical. Si no es así, o se ve una diferencia de color dramática cuando se mira el césped desde el frente y detrás, puede ser necesario seguir añadiendo relleno hasta que las hojas aparezcan verticales y la superficie rebote del tráfico peatonal, rápidamente.

áreas desigualmente llenas

A menudo no podrás decir que tienes problemas con el relleno desigual hasta el 2º o 3º paso con el esparcidor de gotas, a menos que lo compruebes con cada paso.

Una razón común por la que esto podría suceder es que estás superponiendo el flujo del esparcidor de la gota a través de las superficies.

Tan pronto como puedas ver que esto sucede, detente y rastrilla o escoba el relleno de manera uniforme en los puntos problemáticos. En el raro caso de que simplemente haya demasiado material para rastrillar uniformemente, use una aspiradora para quitar y rellenar el área.

demasiado relleno?

En la mayoría de los casos, querrá eliminar el exceso de relleno con una aspiradora hasta que esté satisfecho con el nivel; rastrille de manera uniforme.

problemas comunes

- demasiado o muy poco relleno
- relleno distribuido desigualmente

ARRIBA | El relleno desigual causará que la superficie se vea desigual u ondulada. Para resolver el problema, use un cepillo eléctrico o un rastrillo de relleno y acaricie la superficie para ayudar a redistribuir las áreas de relleno desigual hasta que se haya nivelado. Decida si necesita un relleno adicional y complete el paso.

ABAJO | Las superficies demasiado llenas pueden necesitar ser arregladas usando una aspiradora de tienda para quitar el exceso de materiales. Una vez que haya eliminado el relleno extra, use un cepillo eléctrico o un rastrillo de relleno para igualar el relleno restante.

terminar

Ahora que has alcanzado entre el 40 y el 50% de la altura de la hoja con los materiales de relleno es el momento de repasar las superficies con una escoba eléctrica, un rastrillo o una escoba rígida para asegurarse de que toda la superficie se rellene de forma uniforme.

Florecimos las superficies, ligeramente, a lo ancho, a lo largo y en diagonal para trabajar el relleno en lo profundo de las cuchillas.

Camina por las superficies; ajusta el relleno, según sea necesario y utiliza un soplador de hojas para eliminar el exceso de relleno o las hojas sueltas.

Para terminar, es una buena idea usar un rociador y una manguera para enjuagar ligeramente las superficies. Esto ayudará a que el relleno se asiente en el fondo y limpie cualquier resto.

Revisa a lo largo de los bordes duros y las áreas que rellenaste a mano por el exceso de materiales. Puede usar una aspiradora para retirar grandes cantidades y cuchillas de repuesto que podrían haber flotado en los jardines o en los patios.

Una vez que la superficie se haya secado por el enjuague, termine y añada cualquier material de recorte restante como el relleno de corteza, roca deco o suelos de jardín.

Está listo!

ARRIBA | Una vez que haya aplicado y rastrillado el relleno a 40-50% de la altura de la hoja, use el rastrillo de relleno y/o el cepillo eléctrico en toda la superficie para ayudar a nivelar el relleno.

Encontramos que usar la escoba eléctrica o el rastrillo en un ángulo diagonal a menudo ayuda.

ABAJO | Usa un soplador y limpia cualquier fibra suelta restante y el relleno

Una vez que todas las fibras sueltas y el relleno sean removidos, use una cabeza de rociador y una manguera para hacer un último enjuague rápido de la superficie.

El rocío de agua ayuda a asentar el relleno en lo profundo de las fibras de la superficie.

este capítulo contiene:

- aseo general
- mantener la hierba libre
- mantenimiento con mascotas - control de olores

capítulo 16
consejos de aseo

el cuidado de la hierba artificial

Para mantener su césped artificial en condiciones óptimas, simplemente manténgalo libre de desechos orgánicos y cepille las cuchillas si se enmarañan debido al tráfico peatonal o a los muebles de exterior.

Obviamente el uso del área y el clima local afectarán la necesidad de preparar los pastos. La lluvia estacional y la nieve traen consigo una mayor humedad, lo que puede favorecer el crecimiento de musgo y maleza en primavera, donde las instalaciones de clima seco y caluroso pueden sufrir más por el polvo o el polen que se vuela sobre las superficies.

Por supuesto, si tienes mascotas que defecan en el césped artificial, tendremos que hablar sobre algunos consejos de aseo extra para mantener el área libre de olores y gérmenes

herramientas básicas de aseo

- **soplador de hojas**
- **rastrillo de hojas de plástico**
- **rastrillo de aseo (de relleno)**
- **rociador de presión de jardín**
- **vinagre de sidra de manzana (ACV) y sales de epson (para una mezcla de hierbas)**

los sopladores de hojas y el rastrillo de alfombras son ideales para el aseo general de la superficie.

despejado con el soplador de hojas en las superficies

superficies cubiertas con desechos secos

los cepillos eléctricos (escobas) son ideales para la limpieza profunda de superficies en estilos de césped solamente.

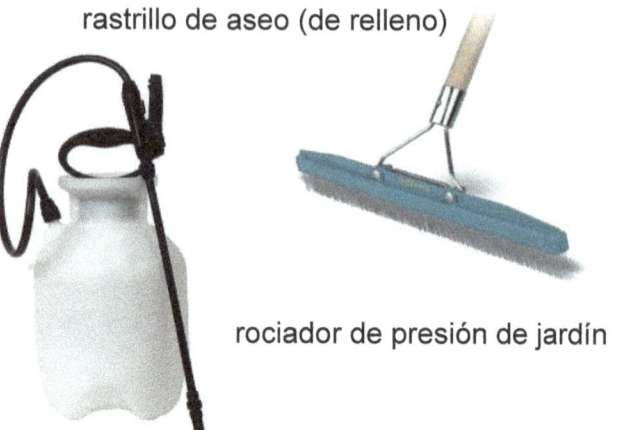

rastrillo de aseo (de relleno)

rociador de presión de jardín

germinación en los bordes

trébol y maleza

las hierbas perennes y las malas hierbas, como el trébol, el espolón y la bermuda, deben ser eliminadas, las raíces y todo

crecimiento de musgo

el crecimiento de musgo puede ocurrir si los pastos están constantemente húmedos, especialmente en áreas sombreadas con exposición al norte.

plantas de semillero, malezas y musgo

Las zonas muy sombreadas y las superficies que permanecen húmedas, o que se mantienen húmedas por el exceso de riego, tienden a ver el crecimiento de la maleza, con el tiempo. Debido al contenido de arcilla en el material, una simple arena de sílice como relleno puede empeorar el problema y debe ser evitado o la superficie tratada*, bianualmente.

Las semillas pueden soplar o dejarse caer sobre las superficies y brotar en lugares aleatorios del césped artificial; más pesadas en los bordes de su césped artificial y, con el riego por aspersión, las lluvias o el deshielo de la nieve, las semillas germinarán.

los típicos problemáticos

- "suciedad" | acumulación de materia orgánica
- hierbas silvestres y trébol
- musgo y malezas invasoras
- los arbustos ornamentales, de árboles frutales y de bayas pueden dejar caer flores, semillas y frutas

Puedes pretratar las zonas problemáticas, anual o bianualmente, con una solución natural segura y efectiva de vinagre de sidra de manzana y sales de epson* u otras opciones comerciales. (Pruebe las soluciones en áreas pequeñas antes de usar el tratamiento en exceso o en puntos).

*Solución de control de malezas naturales
- 1 galón de vinagre de sidra de manzana (ACV)
- 2 tazas de sales de Epson
- Pulverizador a presión de jardín

Combine el ACV y las sales de epson en el pulverizador de presión y mézclelo bien. Esta solución es eficaz en el césped artificial, sin enjuagar; también se utiliza en la corteza, el mantillo y la roca para controlar las malas hierbas.

Saturar las superficies donde el crecimiento no es deseado. El crecimiento debería marchitarse y morir en 4 a 48 horas; quiten los escombros. Es posible que tenga que retirarse, según sea necesario, si hay una germinación continua.

hojas enmarañadas, rebote reducido, drenaje deficiente y relleno compactado

La permeabilidad y la respuesta de la superficie de la hoja del césped artificial (rebote) de su proyecto puede verse afectada por los materiales de trabajo que eligió para la instalación.

Los nuevos estilos de césped artificial de calidad, instalados correctamente usando nuestras pautas junto con el aseo regular, pueden funcionar durante más de 15 a 20 años. Si se experimenta una dureza de la superficie y una percolación reducida, la causa puede ser un relleno compactado.

Algunos materiales de relleno pueden aplastarse, bajo el tráfico y las condiciones de tiempo húmedo. La sílice y otras arenas angulares a menudo se descomponen con el uso creando "finos" (polvo) que se acumula en las hojas y causa la compactación. Los rayos UV también pueden descomponer la goma de miga, el TPE y algunas opciones de relleno revestido. La compactación reduce la percolación y el drenaje. Una percolación más lenta hace que el agua permanezca más tiempo en las superficies, manteniéndolas más húmedas y fomentando el crecimiento de hierbas y musgo.

El primer paso es tratar los desechos de la superficie aflojando (agitando) el relleno mediante el paso de un cepillo eléctrico a través de las superficies para romper los materiales compactados.

A medida que elimines el crecimiento de musgo, también estarás rompiendo el relleno moviéndolo de las hojas de la superficie. Mueve el relleno suelto a una pila usando el cepillo. Utiliza una aspiradora para recoger el relleno, la malla y reutilízalo. Si el relleno requiere ser renovado, quite el relleno más viejo con una combinación de cepillado de superficie y aspirado; después de que los desechos orgánicos hayan sido completamente removidos, vuelva a rellenarlo.

Aplique un preemergente de musgo y maleza*, regularment

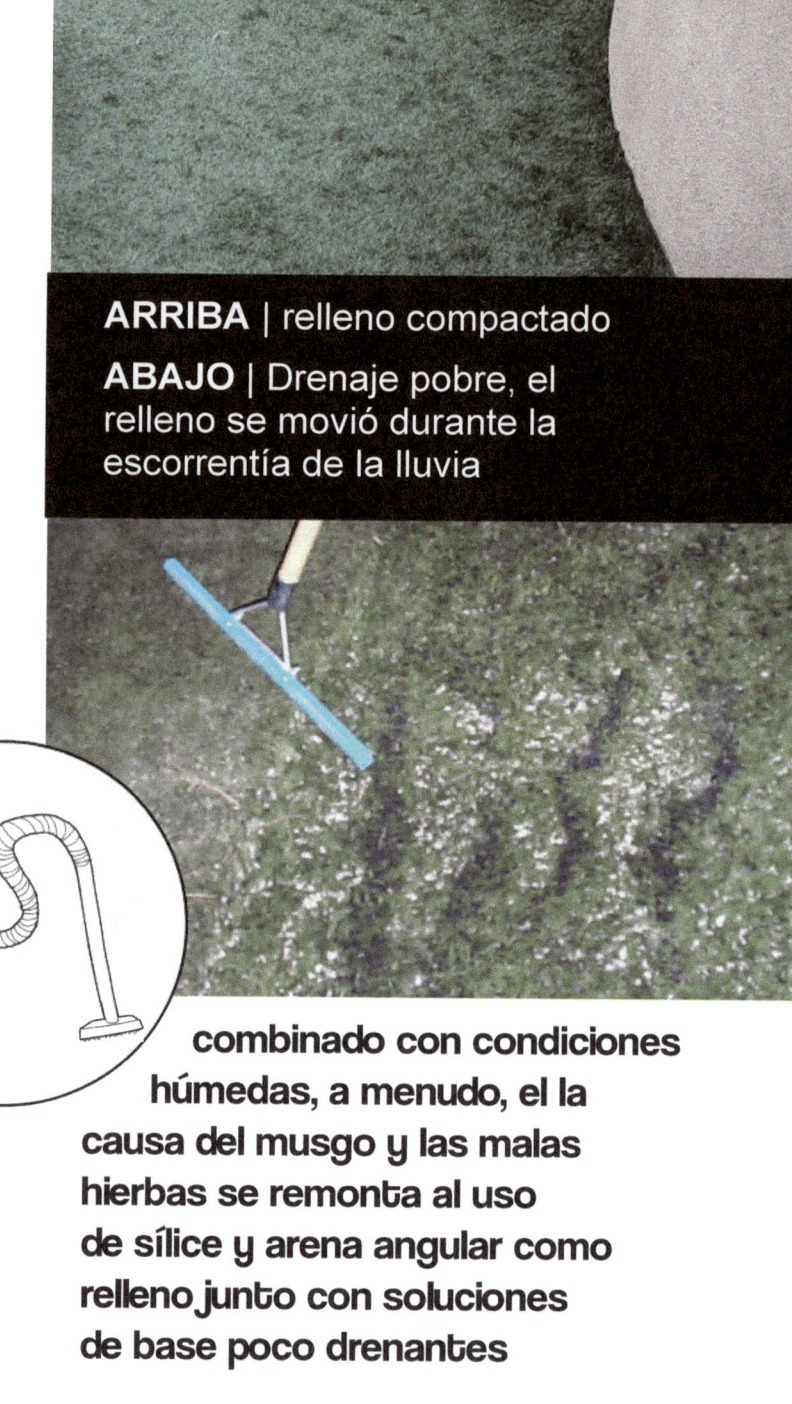

ARRIBA | relleno compactado

ABAJO | Drenaje pobre, el relleno se movió durante la escorrentía de la lluvia

combinado con condiciones húmedas, a menudo, el la causa del musgo y las malas hierbas se remonta al uso de sílice y arena angular como relleno junto con soluciones de base poco drenantes

sobre el riego de los jardines, el uso de relleno de arena y la base de DG ha reducido la percolación que causó el crecimiento de musgo y maleza

* trata las hormigas, los gusanos, las malas hierbas *
- 1 galón de vinagre de sidra de manzana (ACV)
- 2 tazas de sales de Epson

herramientas útiles
- cepillo de potencia
- shop vac
- infill (relleno) rastrillo
- cepillos de mano
- rociador de presion de jardia

ARRIBA | cepillado de poder relleno (infill) compactado y eliminación de musgo

ABAJO | daños causados por el resplandor caliente de la ventana reflectante

hormigas, gusanos

Una estrategia para evitar que las hormigas y los gusanos se muevan bajo los bordes de su césped es usar telas de base sobre los suelos nativos y bajo su base, como aconsejamos en el capítulo 13 udring instalación. Si encuentra que las pequeñas plagas están tratando de hacer nidos para habitar a lo largo de los bordes, puede usar la solución natural* que hemos usado durante años para controlar cualquier "invasión". Tratamos el área una vez para eliminar la colonia y luego, según sea necesario

las raíces de los árboles de la superficie

A lo largo de muchos años, las raíces de los árboles que están cerca de su instalación pueden "coronar" bajo el césped, creando una protuberancia como si las raíces invadieran los pavimentos o los proyectos de cemento.

Hay una fuerza de tensión (estiramiento) incorporada en el soporte y puede, eventualmente, alcanzar su límite y atravesarlo. De lo contrario, si el árbol tiene buena salud y la raíz no está en el camino, simplemente déjelo y permita que crezca.

Antes de decidir cortar cualquier raíz de cualquier árbol, le recomendamos que siga el consejo de un arbolista certificado. Si la eliminación de las raíces es segura para el árbol, puede retirar las superficies, quitar la base, cortar las telas y eliminar las raíces y luego volver a colocar los materiales en la parte superior.

Sería prudente cepillar profundamente las superficies para eliminar los restos orgánicos de las hojas y el relleno antes de volver a tirar de las superficies o tamizar el relleno de los restos antes de volver a utilizarlo.

parcheando las superficies derretidas
Las llamas y las brasas calientes de los fosos o barbacoas pueden derretir el césped.

Además, otra causa común son los tratamientos de ventanas reflectantes que están expuestas al resplandor del sol. El vidrio tratado puede lanzar el resplandor sobre el patio y si un rayo de resplandor excede los 250 grados, derretirá las superficies del césped; no se incendiará pero dañará las hojas, necesitando un parche para repararlas.

Si has guardado restos de la instalación original, simplemente corta el daño en forma de rectángulo o cuadrado y parchea el daño usando tela de costura y clavos o adhesivos para asegurar.

"aguas duras" y césped artificial

El agua de irrigación, de estanque y de piscina a menudo puede provocar problemas como "incrustaciones de cal" y una acumulación "blanca" de minerales (como el calcio) en el agua dura.

Las soluciones de limpieza específicas para las manchas de agua dura suelen tener productos químicos que pueden no beneficiar a las fibras del césped; a la salud de su mascota o a sus tiernas plantas de jardín: recomendamos utilizar remedios caseros sencillos, cuyas propiedades han mostrado resultados probados.

SOLUCIÓN NATURAL

Un método "natural" para limpiar la acumulación es usar una pasta de vinagre de sidra de manzana y bicarbonato de sodio.

El vinagre ayudará a romper la escama (película) de las fibras, el bicarbonato de sodio es un abrasivo suave que ayudará a restregarlo de las cuchillas de los hilos. Hay que enjuagar, dejar que se seque y repetir, si es necesario, (especialmente la primera vez que se hace esto).

Mezclar una cantidad igual de ambos en una bañera y aplicar con un paño de microfibra, para obtener mejores resultados. Esperar 5-10 minutos para permitir que el vinagre descomponga la escama, luego, con un movimiento circular, limpiar agresivamente las cuchillas, a través de la zona afectada. Enjuague bien; repita, si es necesario.

A largo plazo, considera la posibilidad de añadir un-filtro a tu sistema de riego, o de bajar el rociador, o de usar un "lavado" de vinagre de sidra diluido, regularmente, durante la temporada de riego..

AVAILABLE CONSUMER CLEANERS

Otra forma de manejar el tema de la acumulación de escamas es usar productos de limpieza para el baño. Requiere la aplicación, esperar unos minutos y luego frotar las superficies con una esponja; enjuagar; repetir hasta estar seguro - cuando se seca - que las fibras del hilo han vuelto a su color original

1. escaldadura de agua dura de la irrigación sobre el rocío

2. primer plano de la acumulación de la escala

3. ÁREA IZQUIERDA después de un tratamiento

4. zona después de un solo tratamiento y un buen enjuague

5. dos tratamientos - temor de la zona - se elimina la escama

"mascotas" y césped

Las superficies de césped artificial son fantásticas para su uso con mascotas - duraderas, siempre verdes, funcionarán bien siempre y cuando te mantengas al día con el mantenimiento del jardín.

aplanamiento de los hilos superficiales

Para reducir al mínimo el enmarañamiento, lo ideal son los estilos más pesados, y el uso de un "rastrillo" de aseo o una escoba de nylon rígida de empuje, en contra de la veta, para "florecer" las cuchillas, mantendrá las superficies con un aspecto y tacto óptimos.

use un soplador de poder para remover escombros

Mantener el área libre de hojas, escombros de árboles, agujas de pino y demás hará que sea una experiencia agradable para su mascota.

con qué frecuencia

Cada área de mascotas requiere un poco de atención diferente - una perrera cerrada puede necesitar atención, semanal o diariamente mientras que un césped grande, compartido con las mascotas, puede necesitar menos atención.

control de olores

La defecación no cambiará el color de los hilos del césped artificial, sin embargo, puede acumularse en las superficies y comenzar a oler. Enjuagar con agua solamente no es efectivo; el blanqueador puede ser tóxico para sus animales, así que desodorizar es la clave.

Te animamos a limpiar los excrementos, tan a menudo como sea necesario; trata las áreas generales donde las mascotas pueden orinar, mensualmente. Los olores se tratan mejor con desodorantes enzimáticos seguros de "orina de mascotas"; para desinfectar, aplique una mezcla de 50%/50% de agua y enjuague de vinagre de manzana, según sea necesario.

perreras cercadas

donde su mascota pasará el rato, necesitarán la mayor atención para mantenerla libre de excrementos y olores.

El calor del verano puede acentuar los olores de la superficie sin tratar.

Para las perreras, recomendamos tratar los olores, semanalmente. Las zonas de césped en general se beneficiarán del control de olores mensualmente durante el clima cálido

Satura las superficies con líquidos - soluciones a base de enzimas - para que los agentes de control de olores leguen a lo profundo de las cuchillas y el relleno (infill).

CONSEJO | La sombra y el agua para tu mascota es fundamental cuando la perrera está situada a pleno sol.

grandes herramientas para las zonas de mascotas

- un rociador de jardín (1 o 2 galones) - útil para aplicar desodorizantes líquidos.

- las herramientas de cucharón para el manejo de los excrementos son ideales - o simplemente usar guantes para recoger y deshacerse de los sólidos, como es normal.

sobre las autoras

capítulo 17
sobre nosotros

Proud to have authored & delivered:

design, estimating, installation & grooming guides in print, online & onsite training programs for:

- Horizon Supply
- HD Supply / White Cap
- National Turf Supply
- ASGi - National Trade Association
- PreGra - Costco Online
- TundraGrass - Home Depot Online
- BelleVerde Grass - Sam's Club
- RealGrass - Home Depot Online
- Affinity Grass - HD Supply
- RealGrass
- Proviri Grass
- TuFFGrass
- Playfield Grass
- Playfield Turf
- Playfield USA

Hemos disfrutado ayudando a construir un nuevo y vibrante mercado para el césped artificial en la industria del paisaje en el norte de California; desde 1998.

el sueño de Paul, el minigolf, el chip y la línea de tee son la razón por la que comenzamos este viaje.

nuestrah

Desde el Valle del Silicio migramos a las estribaciones de Sierra a finales de los años 90 y comenzamos nuestra empresa de construcción en un nuevo mercado emergente de césped artificial para mercados residenciales. El mercado era joven y nosotros también lo éramos entonces.

Nuestra pasión por ofrecer soluciones de primera línea era profunda y estamos orgullosos de la contribución que hemos añadido a la construcción de una sólida oportunidad para que millones de personas disfruten de estos grandes productos.

Nuestros antecedentes en el desarrollo de productos y la educación atrajeron a los fabricantes y distribuidores de la industria para pedirnos que ofrezcamos educación sobre el mercado, desarrollar productos y pautas de instalación. Construimos un rico conjunto de herramientas y las compartimos con todos.

Junto con un puñado de pioneros, nuestros esfuerzos al principio del desarrollo comercial de este mercado han creado muchos empleos y han ayudado a las pequeñas empresas a prosperar; nos hemos sentido humillados por la cantidad de vidas que hemos tocado con nuestra propia pasión por el césped.

como se ve en la televisión!

Sí, esos éramos nosotros los que ves en "TurfWars and Yard Crashers" de DIY Network. Fuimos los instaladores de césped en el programa durante varios años junto con nuestras apariciones ayudando a promover SAY Golf (ahora 1er Tee) a nuestros jóvenes regionales en eventos locales. Incluso nos involucramos en la política local al participar en el pastoreo de la nueva legislación (AB349 en 2015) en la ley de California que anula las prohibiciones que las HOA pueden haber tenido sobre el uso de césped artificial en los diseños de propiedades. Gracias, de nuevo, al Distrito Metropolitano de Agua y al miembro de la Asamblea Gonzales!

thank you

Gracias a nuestros clientes, y a nuestra tripulación y a nuestros vendedores que hicieron todo esto posible - y a ustedes - por ser parte de este viaje con nosotros.

¡Buena suerte con tu proyecto!

apéndice
términos, herramientas, formularios, índice

Este logo cortado con láser parece como si estuviera "grabado" en el césped; lo conseguimos usando un estilo texturizado de putting green en un perfil de color verde claro - el resto del área de ejercicio (para perros) se instaló usando varios paneles de césped en varios estilos y perfiles de color

Con el permiso de
wag pet hotels | California

Área de ejercicio en el patio lateral para los invitados del perro

referencias rápidas - cálculos

hilo/resinas sintéticas

PA = Hilo de Nylon / Nylon Yarn
PE = Hilo de Polietileno / Polyethylene Yarn
PP = Hilo de Polipropilen / Polypropylene Yarn

abreviaturas de medición

SF = Pie cuadrado/Pies
cuadrados SY = Yarda
cuadrada CY = Yarda
cúbica LF = Pie lineal/Pies
OZ = Onzas
LB = Libra

elementos de estilo a considerar

- Respaldo (Primaria y Secundaria):
- Altura de la hoja - Altura de la pila
- Colores de la hoja:
- Hilo - Paja:
- Hilo Tuft "puntos"
- Peso de la cara: Onzas por yarda cuadrada
- Gauge (mechones):
- Resistencia - Matte/Crush
- Permeabilidad:
- Peso total: Onzas por yarda cuadrada
- Ancho del rollo
- Garantía del producto del fabricante:
- Entrega o recogida:

calcular el peso total del rollo por yarda cúbica (CY)

el ejemplo es 15' x 25' = 375 SF con un peso total (TW) de 96 oz/SY

- 375 SF / 9 = 41,67 yardas cuadradas (SY)
- 41.67 SY * 96 oz (TW) = 4000 onzas
- 4000 oz / 16 oz/lb = 250 Lbs
- 250 libras + 15 libras (núcleo) = 265 libras de rollo

calcular el relleno (infill) total:

Este ejemplo se basa en el uso de un estilo de césped para el césped con un peso de 70 onzas en la cara,1 ¾ pulgadas de altura de pila con ½ pulgadas de calibre para un proyecto de césped - malla (tamaño) 16/30. Las recomendaciones de relleno del fabricante son aproximadamente 3 libras por pie cuadrado (SF). (Consulte el capítulo 9, páginas 9-15)

Total de SF del proyecto (SF) X 3 = #
Total # / 50 Lb bolsas = Total de bolsas

tamaños de granos comunes (malla)
16/30 = pequeño 12/20 = grande

calcular el total de los clavos exteriores:

Para asegurar el borde perimetral (exterior) (estamos usando un clavo de 4,5-5 pulgadas - 25 clavos por Lb) con clavos colocados cada 6 pulgadas.

Total SF del proyecto (SF) / 2 = X
X/ 25 = # de Lbs de clavos necesarios

calcular el total de los clavos de costura:

Para asegurar las costuras (ambos lados) (estamos usando un clavo de 4.5-5 pulgadas - 25 clavos por Lb) con clavos colocados cada 6 pulgadas + 2 en cada extremo.

LF total de la longitud de la costura / 12 = X
X/ 25 = # de Lbs de clavos necesarios

Estamos usando un agregado de curso compacto para nuestro proyecto de ejemplo. Este gráfico puede ser usado con todos los materiales

calcular la base total necesaria y los materiales para excavar:

SF total del área / 320 = 1 pulgada
1 pulgada = 1 yarda cúbica
2 pulgadas - dividir por 160 4 pulgadas - dividir por 80
3 pulgadas - dividir por 108 5 pulgadas - dividir por 64

imperial a métrica conversión

1 pie / foot = 0.3048000 m

1 pulgada / inch = 0.02540000 m

1 pulgada / inch = 25.40000 mm

1 yarda / yard = 0.9144000 m

(Líquido / Liquid)

1 US galón / gallon = 3.785412 Liter

(Peso / Weight)

1 libra / pound / lb = 0.4535923 kg

1 onza / ounce / oz = 28.34952 g

(Zona / Area)

1 square foot / SF / ft² = 0.09290304m²

1 square yard / SY / yd² = 0.8361274m²

1 cúbica yarda / cubic yard / CY = 0.764555 CM

términos clave glosario

Acolchado - Almohadillas:
Se pueden añadir almohadillas o acolchados como parte de las subcapas de la instalación; por ejemplo, el uso de almohadillas bajo el césped puede aumentar la seguridad de la "zona de caída" para las guarderías. Las almohadillas se pegan a menudo en la parte posterior de las superficies de césped artificial en el caso de las alfombras de tee de golf utilizadas en campos de práctica y para áreas deportivas y de juego instaladas sobre hormigón.

Altura de la pila:
En cuanto al "estilo de superficie" - en general, la altura de la pila es la altura de la más alta de las hojas; se encuentra en el 50% o más de los puntos de la superficie; medido desde el respaldo, hacia arriba hasta la parte superior de la "punta" de la hoja.

Antibacteriano - Antimicrobiano:
Los microbios están en todas partes y fuera, en tu patio, los microbios pueden invadir todas las superficies. La protección antimicrobiana trabaja para inhibir el crecimiento y la reproducción de bacterias dañinas, moho y hongos, lo que ayuda a controlar los olores y la degradación de la superficie.

Base:
Este término se refiere a los materiales utilizados bajo la capa de césped artificial - específicamente los agregados compactables del campo, el asfalto o el hormigón.

términos clave glosario

Brotación:
La brotación se produce cuando las fibras de césped aleatorias aparecen en superficies de césped más altas que la altura de la pila primaria. Simplemente corta los brotes con unas tijeras afiladas.

Cepillo Eléctrico (Escoba)   Cepillo Eléctrico (Escoba)
Herramienta utilizada durante la construcción y el aseo de instalaciones de césped artificial.
El "cepillo motorizado" se desarrolló para su uso como barredora en superficies de hormigón y asfalto y fue adoptado por los instaladores como una forma de hacer florecer las hojas de los materiales de la superficie del césped y ayudar a distribuir los materiales de relleno en la profundidad del césped.

Clavia
Término que se refiere al paso de instalación de asegurar una costura o el perímetro (borde exterior) de las áreas de superficie de césped instaladas

Clavo (Tack):
Término que se refiere al paso de instalación de asegurar una costura o el perímetro (borde exterior) de las superficies de césped instaladas generalmente con un clavo.

Compactación (Densidad Proctor):
La densidad Proctor es una medida utilizada para definir la cantidad de compactación alcanzada con los materiales de superficie utilizados bajo las carreteras, ferrocarriles y otras áreas de superficie que soportan cualquier carga de peso o que requieren una medición de la compactación para determinar la estabilidad. Una buena compactación de las capas de suelo nativo y de los materiales de base instalados da lugar a la reducción de su asentamiento al aplicar la carga, aumenta su densidad y, por tanto, aumenta su resistencia al corte.
Cuanto mayor sea el resultado de la prueba de densidad Proctor, menor será la permeabilidad de la zona, lo que provocará una disminución de la absorción de agua y una reducción de su hinchazón o encogimiento. Materiales como los finos de granito descompuesto de un promedio de ¼ pulgadas se compactarán fuertemente y la DP de este tipo de superficie será mayor. Los agregados del curso, como ¾ (menos) alias Road Base o A/B son más adecuados para proyectos comunes y la base se compacta a una Densidad Proctor del 85-90% para permitir la percolación y, sin embargo, proporcionar una superficie estable.

Cortes en relieve:
Cortes realizados en materiales de césped artificial que ayudarán a aliviar la tensión en un trozo de césped ancho mientras se posiciona contra bordes duros que son curvados o de forma extraña.
Los cortes en relieve pueden ser simplemente cortes rectos desde el borde duro hacia afuera hasta el final del césped, pueden tener forma de H o T para ayudar a envolver los materiales de la superficie alrededor de los obstáculos como los árboles; o se pueden hacer "rebanadas de pizza" en el césped que se encuentra directamente encima de un elemento del paisaje como una gran roca, para permitir que los materiales del césped se "deslicen" por los bordes (circunferencia) del obstáculo y se recorten posteriormente.
Los cortes en relieve pueden racionalizar los materiales de la superficie de corte para que encajen y ayuden a encajar los materiales alrededor de los obstáculos en el paisaje.

Costuras:
Asegurando dos cortes (trozos) de césped artificial juntos.
La colocación de la costura es el proceso de colocar los cortes y posicionarlos para ser cosidos.

Denier/DTex:
El dénier es una unidad de medida que expresa el grosor de

la fibra de los hilos o filamentos individuales en la tela o los textiles; los estilos de césped tienen un promedio de 8-10.000 denier.

DTEX es la abreviatura de decitex; el peso del hilo en gramos de 10.000 metros de hilo. La mayoría de los hilos sintéticos para césped están especificados por DTEX. Una especificación general de 8800 DTEX es común.

Densidad de Proctor (Ver Compactación) / Rebote/Resiliencia: La capacidad del césped de rebotar a su aspecto original

después de ser usado. La capacidad de un césped para soportar un alto tráfico o una fuerza de compresión está determinada por varios factores: la resistencia de las fibras y los materiales de los hilos, el denier (dtex) y el sistema de relleno del sistema de césped.

El indicador

es el espacio entre cada hilera de hojas de césped, típicamente medido en pulgadas. Cuanto menos espacio entre las filas, más densos son los mechones de hojas entre sí a través de la superficie general.

Generalmente - los estilos de calibre estrecho (3/16 o 5/8 de pulgada) se usan para poner en el green y otras superficies deportivas de ocio; algunos pueden no requerir relleno.

Los estilos de césped y campo de juego (3/8 a 1/2 pulgadas) tendrán un calibre más amplio que ayudará a acomodar los materiales de relleno granulados necesarios para completar los pasos finales de la instalación.

El relleno (INFILL)

es un material granulado, generalmente un grano redondeado de cuarzo (sílice), a menudo "recubierto" con colorantes, resinas y otras propiedades.

El material de "relleno" se esparce uniformemente por la superficie de la hierba en varias pasadas y se rastrilla en el terreno entre las hileras y mechones de hierba:

1. ddd peso a las superficies para proporcionar estabilidad horizontal y aumentar la respuesta del balón
2. Rellenar los espacios entre las filas y los penachos de las hojas de la hierba; de manera similar a como lo hará la tierra con las raíces naturales de la hierba. El relleno ayuda a mantener las hojas en posición vertical y proporciona resistencia y sensación natural bajo el pie.
3. Proporcionar protección adicional contra los daños de los rayos ultravioleta - como una barrera física, sombrea la parte superior del material de soporte, y la base de las cuchillas de la exposición a los rayos UV.

Estabilidad:

La estabilidad horizontal (de izquierda a derecha y al revés) y vertical (de arriba a abajo y al revés) es importante para una instalación de césped artificial.

Los materiales del césped, sus soportes, la construcción de la base y la sub-base del trabajo, todos se relacionan con las normas de estabilidad horizontal y vertical. La construcción de la sub-base y la base de un proyecto debe maximizar la estabilidad horizontal para soportar las máximas cargas de peso.

Los materiales de soporte primarios y secundarios proporcionan los materiales de superficie del sistema de césped para proporcionar una estabilidad horizontal adicional y los dos, diseñados conjuntamente, proporcionan la estabilidad necesaria para adaptarse a los objetivos del proyecto;

Para lograr la estabilidad vertical, los sistemas de césped artificial son asistidos por el uso de materiales de relleno para ayudar a mantener las hojas en posición vertical y proporcionar resistencia y amortiguación bajo los pies.

Florecimiento/Cepillado:

Florecimiento de las superficies de hierba es simplemente usar una herramienta, como un rastrillo de alfombras, una escoba de cerdas de nylon rígidas o un cepillo eléctrico con cabeza de nylon;

para "cepillar" las hojas, esencialmente esponjándolas; contra la veta, haciendo que la hierba se mantenga erguida; preparándola para el relleno para hacer que las superficies parezcan más exuberantes y atractivas.

Forma angular:

En pocas palabras - la forma de los granos angulares de material de relleno tienen bordes rectos; estos bordes pueden bloquearse. Los materiales angulares están a menudo sujetos a aplastamiento, bajo el peso y el tráfico, a lo largo del tiempo. Las astillas de los materiales se asentarán en el fondo de las superficies y pueden disminuir la percolación, bloquearse y endurecer las superficies que requieren ser arregladas con una escoba eléctrica o un cepillo para aflojar el relleno.

La base de los agregados compactados también puede tener forma angular, las rocas más grandes mezcladas con polvo de trituración o finos ayudan a que los materiales se compacten.

Garantía:

Como en la industria de las alfombras, las garantías del estilo del césped artificial no cubren el desgaste y muchos son planes prorrateados que consideran la edad del césped si hay una reclamación.

La fabricación del producto y la degradación UV están típicamente cubiertas. La "garantía" puede cubrir el coste de la sustitución, puede que no cubra el envío o la mano de obra real para desinstalar y reinstalar el proyecto.

La mayoría de las garantías de los fabricantes de césped artificial cubren las fallas de la cuchilla debido a la exposición a los rayos UV; más allá de un conjunto de estándares, establecidos por la industria - esto es típicamente una garantía de 6 a 15 años contra la falla de la cuchilla en el desvanecimiento del color; pérdida de la cuchilla, de más del 50% de la altura de la cuchilla causada por la exposición a los rayos UV.

Hilo - "Thatch"

THATCH es un término tomado de la industria del césped, que se refiere a la capa inferior de la hierba natural más antigua, que se encuentra comúnmente en los céspedes maduros. La paja puede proporcionar una mayor resistencia a las cuchillas de la superficie y puede reducir los requisitos de relleno (para la mayoría de los usos). Las hilos de paja se pueden encontrar en colores que van desde el verde azul profundo hasta el marrón claro, el bronceado o el beige.

Hilo - Primaria:

Esencialmente la "más alta" y dominante de las fibras de la hoja presente en el estilo de césped artificial, la altura de la hilo primaria determina la altura de la pila del estilo y se mide en pulgadas.

Hilo de grano

Los estilos de césped artificial enrollado tienden a desenrollarse con un "grano" entrenado en las superficies. Es normal.

Hilo de Nylon - PA:

Nylon, PA, se utiliza generalmente para el golf y la petanca, o estilos de superficie de bolos en el césped.

Hilo de polietileno - PE:

El polietileno, o PE, es la resina de fibra de hilo más comúnmente encontrada en uso, hoy en día - para estilos de césped artificial de interior y exterior. Suave al tacto, el PE es también increíblemente flexible, resistente a las condiciones climáticas extremas, a los rayos UV y al tráfico intenso; se utiliza para el hilo de las hojas primarias y de paja para la mayoría de los estilos de césped.

Hilo Puntas

Las puntas de cada hoja individual que compone cada TUFT. Cuenta la parte superior de cada "mechón" de la hilo y podrás encontrar de 4 a 8 "puntos" - cada punto es el final de un trozo de hilo, insertado en el soporte. Un estilo con 4 "puntos" puede contener 2 colores - uno por cada trozo de hilo, usado.

Levantamiento:
El término se refiere a cada "capa" de la base instalada; antes de la compactación. Cuando se instalan más de 4 pulgadas de agregado compactable para la base, se recomienda la compactación entre "elevaciones" de cada 4 pulgadas para asegurar que se produzca una compactación adecuada.

Lustre:
Un término de estilo de hilo que se refiere a la cantidad de luz que las hojas reflejan bajo el sol o la luz artificial.

Matte/Crush:
El enredo de fibras y mechones que resulta del peso y el alto tráfico.

MSDS:
La Hoja de Datos de Seguridad de Materiales (MSDS) es un resumen de todas las características de un material. Se divulga información sobre el contenido químico, la inflamabilidad y cualquier otra manipulación especial o riesgos.

Núcleo:
El tubo de cartón duro dentro de un rollo de césped o tela.

Cortes (Piezas):
Un término que se refiere a cada pieza o rollo de césped artificial utilizado en el proceso de instalación. (Ver información del Master Roll)

Paquete UV:
Aditivos para el hilo y los recubrimientos de relleno para proteger las superficies de la degradación de los rayos ultravioleta (UV),

Pase:
El término pase se refiere a la acción de caminar a través de una superficie durante el relleno. Cada pase debe referirse a una visita completa de las superficies rellenadas.

Permeabilidad (Percolación): La permeabilidad puede medirse y es un término que se utiliza para definir cuánta agua (líquida) podría fluir verticalmente a través de una superficie; generalmente bajo presión de cabeza; común en condiciones de inundación.
La permeabilidad de una superficie depende de varias cosas, no sólo de la superficie del césped;
1. La mayoría de los estilos son permeables y tienen una variedad de estilos de soporte que proporcionan el máximo flujo, por hora, de aproximadamente 20-30 pulgadas, bajo pruebas de presión de cabeza estática. Algunos tienen índices más altos que superan las 50 pulgadas de agua por hora.
2. La calidad del proyecto depende en gran medida de lo que hay debajo del césped.
Cada capa o componente afecta a la percolación. El tipo de relleno utilizado (angular o semiredondo); el agregado compactado utilizado para la base; cualquier capa de tela de base utilizada (cada una tiene un índice de permeabilidad); y qué tipo de drenaje se utiliza debajo de los materiales de instalación básicos.
Si tienes problemas de drenaje - Usando un soporte poroso, puedes construir cualquier cantidad de retención de drenaje o canales, bajo el nivel del suelo, debajo de las superficies de césped. Los cabezales de drenaje, en la parte superior de la superficie sólo son "requeridos" cuando la percolación del sitio, verticalmente, es desafiada por la inclinación o el volumen y la instalación del acceso de drenaje, en la parte superior, es la mejor práctica.
3. Sigue la directriz de la EPA para las instalaciones de pavimento y hormigón permeables, ajústela según la carga de peso requerida y las condiciones de la cuenca hidrográfica.

Percolación
Los índices de percolación de las superficies de césped se indican generalmente en cuántos centímetros (o Pulgadas) de líquido estancado
drenarán, por hora, a través del césped solamente - los índices no tienen en cuenta la tasa de percolación de la base o de las

superficies debajo del césped y del relleno. Todos los componentes afectan el drenaje y la percolación.

Peso de la cara:
Onzas por metro cuadrado El PESO CARA de cualquier estilo se refiere típicamente al peso de los hilos de la hoja de la superficie. No se incluyen materiales de soporte.
CUALQUIER peso de césped artificial es típicamente declarado por las UNIDADES por YARDA CUADRADA; usando la terminología y especificaciones tradicionales de las alfombras. Los pesos y medidas de envío, para los materiales en rollo, como el césped, también usarán el peso basado en Yarda Cuadrada - su conocimiento de embarque indicará el peso de esta manera.

Peso total:
Onzas por metro cuadrado El PESO TOTAL de cualquier césped artificial incluirá el peso del hilo y el soporte de cualquier estilo. CUALQUIER peso de césped artificial es típicamente declarado por las UNIDADES por YARDA CUADRADA; usando la terminología y especificaciones tradicionales de las alfombras. Los pesos y medidas de envío, para los materiales en rollo, como el césped, también usarán el peso basado en Yarda Cuadrada - su conocimiento de embarque indicará el peso de esta manera

Pies cuadrados (SF):
La medida total de pies cuadrados de un área se determina midiendo la longitud y la profundidad del área y multiplicando los dos factores juntos; el resultado es el total de pies cuadrados (SF) de un área. Un área de 10 pies de ancho por 120 pies de largo es 1200 pies cuadrados de área total.

Pigmento:
Sustancia en polvo altamente coloreada e insoluble que se utiliza para dar color a otros materiales.

Poliamida (PA Nylon)
Material componente de las aplicaciones de soporte.

Polipropileno - PP:
El polipropileno o PP, es una resina de fibra de hilo comúnmente usada para estilos de césped artificial de interior y exterior, principalmente para los estilos de los campos de golf, bochas y canchas deportivas. Se utiliza para el hilo de las cuchillas primarias y de paja para muchos estilos de césped deportivo.

Poliuretano - (Respaldo Secundario)
Material utilizado como respaldo secundario en la parte posterior de los materiales de césped artificial. Aplicado como una capa viscosa, el
el poliuretano es rociado a través de la superficie para ayudar a fijar los puntos de fibra y aumentar la estabilidad horizontal.

Poroso   Poroso
Poroso describe la capacidad de una superficie de permitir que el líquido fluya a través de ella. El grado de porosidad de una superficie depende de muchos factores y puede determinarse mediante una prueba de percolación.

Prueba PIL:
Prueba de inflamabilidad del césped para determinar su facilidad de ignición por una pequeña fuente incendiaria. Las regulaciones federales requieren que todo el césped vendido pase la prueba de la píldora (FF1- 70).

Recubrimiento Acrílico:
El acrílico es generalmente conocido como un plástico transparente de alto grado, seleccionado como recubrimiento de algunos productos de relleno en el mercado. Es extremadamente duradero y resistente al ambiente exterior. Húmedo, seco, caliente o frío... el acrílico es muy estable y confiable en una amplia gama de condiciones climáticas y de temperatura.
El recubrimiento de los gránulos de arena natural, una sustancia natural ya duradera y perdurable, permite la mejora del

producto final mediante la adición de colorantes seguros y de tono natural junto con protección UV, control de olores, características antimicrobianas y antibacterianas

Resistencia a la tracción:
La cantidad de estiramiento que exhibe el material antes de que se rompa debido a la presión de tirar de él.

Reversión de la pila:
La reversión de la pila o el sombreado es una característica del césped de la pila cortada. El tráfico dobla la fibra del césped en diferentes direcciones creando una impresión de áreas claras y oscuras. El aseo regular puede crear sombras uniformes.

Rollo maestro:
Un término que se refiere a cualquier rollo de césped al que se le sacarán trozos más pequeños (cortes) para completar el patrón planeado para el proyecto.

Seguridad en las zonas de caída:
Cuando se construye una guardería o un área de juego, se puede exigir que las superficies terminadas se adhieran a las pautas de la Sociedad Americana de Pruebas y Materiales (ASTM) a determinadas alturas para reducir las lesiones por colisión con la cabeza (HIC).

Selvaje:
Este término se refiere a los materiales extra en los bordes exteriores de un rollo de césped recibido de su proveedor. La tela extra se utiliza durante la fabricación del césped para tirar de las telas de soporte a través de los diversos mechones y revestimientos puestos en escena. Debe ser removida antes de coser los cortes juntos.

Soporte (Primario y Secundario):
El soporte del estilo de césped artificial juega un papel crítico en el rendimiento de las superficies y es una combinación del soporte primario (soporte de césped) y del soporte secundario (soporte adhesivo).
El respaldo completo proporciona estabilidad dimensional a los tejidos de la hierba. Un respaldo universalmente estable elimina las arrugas y el encogimiento de las superficies debido a la exposición y el uso; junto con las hebillas, debido al envío y el almacenamiento.
Los respaldos "primarios" para superficies de césped y canchas deportivas pueden estar hechos de varias capas de materiales TEJIDOS y NO TEJIDOS - seleccionados por su capacidad de proporcionar estabilidad dimensional y permeabilidad
El "soporte secundario" (soporte adhesivo) está hecho de una lechada de poliuretano especialmente formulada que se calienta y se aplica uniformemente; se extiende por la parte posterior de la hierba recién cortada; durante el proceso de recubrimiento final. Este paso asegura que los bucles de la hoja (penachos) se fijen en el soporte y permanezcan estables, independientemente del tráfico o el uso. Muchos de los soportes terminados son perforados, usando clavijas calentadas que sellan la brecha; creando agujeros de "goteo", a pulgadas de distancia, a través de todo el soporte. Esto proporciona una capacidad de percolación adicional a los soportes revestidos.

Suciedad: Suciedad:
La suciedad se produce cuando las partículas de tierra y musgo se acumulan en las fibras del césped. El aseo, el soplado y la limpieza regulares prevendrán este problema.
Si experimentas suciedad, quita los orgánicos con una aspiradora. No uses productos con alto contenido de espuma para el aseo. Un simple lavado con vinagre servirá para todos los azúcares, sales y grasas que puedan caer en las fibras del césped.

Suelo nativo:
las condiciones naturales de los suelos del lugar de la instalación; los suelos nativos pueden ser arcilla, loma, arena, turba, etc. Las condiciones del suelo nativo y, las precipitaciones locales, la nieve y los aspectos de cuenca/drenaje de la instalación deben sopesarse con los objetivos de uso del proyecto cuando se diseña un diseño de césped sintético.

Tejido de base:
Tejidos utilizados bajo y/o entre capas de materiales de base en la construcción de un proyecto. Los estilos tejidos y no tejidos de las telas de base se utilizan específicamente para las especificaciones y Clavija: necesidades del proyecto.

Tejido sin tejer:
Un tejido formado por una red de fibras unidas por un agente adhesivo químico o fibroso. El fieltro es un material común que es no tejido.

Textura:
En pocas palabras, los hilos, durante la fabricación, se enrollan o tuercen, en una variedad de formas, que dan propiedades específicas al estilo de la superficie. Los estilos texturizados y tejidos utilizados para el putting green proporcionan un papel más suave y una superficie más "verdadera" para jugar al golf. La paja, a menudo retorcida o incluso "texturizada" de diversas maneras, presta sus propiedades para proporcionar una mayor resistencia y, en la mayoría de los casos, reducir la cantidad de relleno necesario para los estilos de césped más largos.

Thatch:
Thatch es un término de estilo que se refiere a las hojas de hilo secundario en el penacho final. La paja puede estar compuesta por una variedad de colores y también puede estar texturizada o retorcida por naturaleza. La paja puede tener cualquier altura de pila; la mayoría de los estilos usan una capa de paja donde su perfil aparecerá más corto que la altura de la pila primaria.

Tuft:
Alfombra de mechones es un tipo de alfombra hecha a máquina con una pila resistente y cómoda hecha de bucles de hilo recortados. Las alfombras de bucles son muy duraderas debido a la construcción de las superficies y permiten una mayor variedad de estilos finales, por lo que se utiliza para el césped...
Un "mechón" individual contendrá una variedad de hojas de hierba; pueden diferir en color, tamaño, altura de la pila y textura - sin embargo - un manojo o racimo de la hierba
Un "mechón" individual contendrá una variedad de hojas de hierba; pueden diferir en color, tamaño, altura de la pila y textura - sin embargo - un manojo o racimo de la hierba
las cuchillas, serán "enlazadas" a través del respaldo, sentándose muy juntas en la capa de respaldo. (Cada mechón es un "lazo o punto" individual; con dos cabos sueltos, en la parte superior. Contar todos los cabos sueltos proporciona cuántos PUNTOS contiene el mechón)

Twisted:
Twist es un término de estilo para describir el enrollamiento del hilo alrededor de sí mismo durante su creación. Más torsión mejora el rendimiento del césped (especialmente en el montón cortado) para las superficies que quieren dar una respuesta específica a la pelota. También puede ser usado para estilos de paja.

Yarda cuadrada (SY):
El área total de yardas cuadradas de un área se determina midiendo la longitud y el ancho de un área; multiplicando los factores juntos y dividiendo por 9. Un área de 10 pies de ancho por 120 pies de largo resulta en un área total de 1200 SF; dividido por 9 y el área cubre 133.33 yardas cuadradas (SY).

Artificial Grass Project

Date	
Project ID	
Requested by	

TOTAL ARTIFICIAL GRASS AREA		TYPE		STYLE	

AREA	WIDTH	LENGTH	AMOUNT		WIDTH	LENGTH	AMOUNT	MISC MATERIALS	UNIT	AMOUNT	INFILL	MESH
Area 1				Area 5				UNDER-LAYMENT FABRIC (SF)			LBS / SF	
Area 2				Area 6				PERIMETER NAILS (TOTAL LBS)			TOTAL LBS	
Area 3				Area 7				PERIMETER TRIM (TOTAL LF)			LBS PER BAG	
Area 4				Area 8				BASE - AVG LIFT (TOTAL CUBIC YARDS)			TOTAL # BAGS	

IRRIGATION	MODIFY			DECO ROCK	TOTAL SF		TYPE		SIZE	
SIZE		CAP		ADD		BARK	TOTAL SF		TYPE		SIZE	

SEAMING	SEAM FABRIC		NAILS		GLUE	DRAINAGE	TOTAL LF		TYPE		SIZE
TOTAL LF		TOTAL LBS		TOTAL OZ		MISC PARTS	GRATE	CUFF	90°	45°	T

OTHER:

NOTES:

Artificial Grass Project

Design Worksheet

Date

Project ID

Requested by

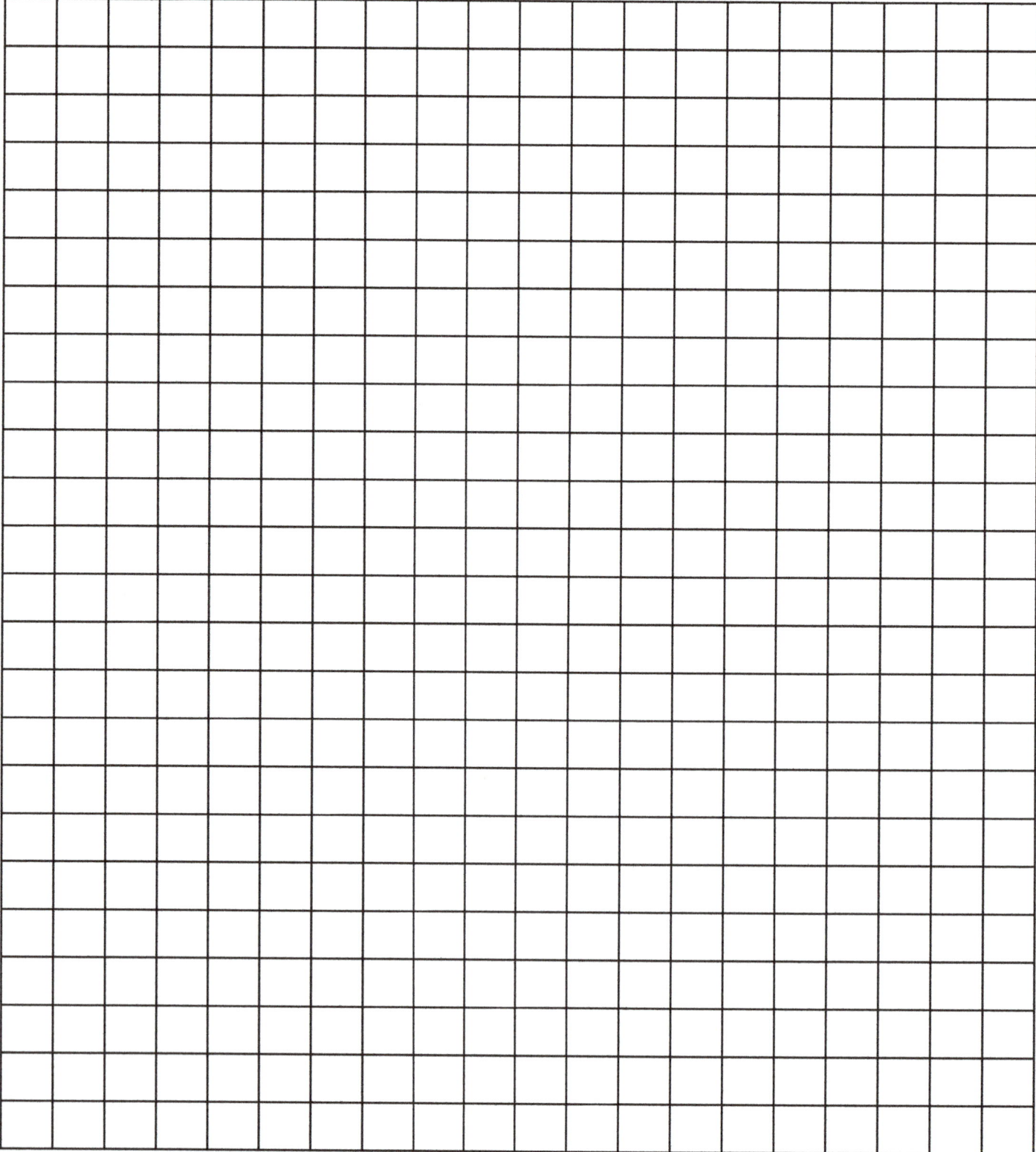

Download free copies of this form - online - at TheArtificialGrassGuide.com

Herramientas PRO/Apoyo en línea para constructores de PROS & DIY

theartificialgrassguide.com
es un lugar perfecto para obtener aún más ayuda con sus proyectos de césped artificial.

soporte para los miembros de PRO Tools - ayuda profesional y de constructor de bricolaje con el diseño y la estimación de los planes, la solución de problemas de instalación y el aseo.

Herramientas útiles - acceso desde cualquier dispositivo en línea / 24/7/365!
- MarketPlace - Donde los miembros de PRO Tools pueden encontrar proveedores
- Calculadora en línea GRATUITA para todos los materiales de trabajo - imprimir, guardar y enviar por correo electrónico
- Calculadora en línea GRATUITA para determinar el ahorro de agua - imprimir y enviar por correo electrónico
- Formularios PDF GRATUITOS - descargar formularios de diseño y estimación/pedido
- SOPORTE TÉCNICO | Ayuda antes de empezar - selección general de materiales, creación de planos y acceso a proveedores locales. Durante la construcción - correo electrónico, foro y chat

theartificialgrassguide.com

"how can our guide help you?"

theartificialgrassguide.com